Deus mandou matar?

Deus mandou matar?

4 pontos de vista sobre o genocídio cananeu

Descontinuidade radical

C. S. Cowles

Descontinuidade moderada

Eugene H. Merrill

Continuidade escatológica

Daniel L. Gard

Continuidade espiritual

Tremper Longman III

Tradução

Jamil Abdalla Filho

Vida
ACADÊMICA

Título do original
Show Them no Mercy
edição publicada por
ZONDERVAN PUBLISHING HOUSE
(Grand Rapids, Michigan, EUA)

■

Todas as citações bíblicas foram extraídas da
Nova Versão Internacional (NVI),
©2001, publicada por Editora Vida,
salvo indicação em contrário.

■

EDITORA VIDA
Rua Júlio de Castilhos, 280 Belenzinho
CEP 03059-000 São Paulo, SP
Tel.: 0 xx 11 6618 7000
Fax: 0 xx 11 6618 7050
www.editoravida.com.br
www.vidaacademica.net

Coordenação editorial: Sônia Freire Lula Almeida
Edição: Alípio C. de Franca Neto
Revisão: Judson Canto e Josemar de Souza Pinto
Consultoria e revisão técnica: Luiz Sayão
Projeto gráfico e diagramação: Set-up Time
Capa: Marcelo Moscheta

Dados Internacionais de Catalogação na Publicação (CIP)
(Câmara Brasileira do Livro, SP, Brasil)

Deus mandou matar? : 4 pontos de vista sobre o genocídio cananeu / CS. S. Cowles et alii; Stanley N. Gundry (organizador). — São Paulo : Editora Vida, 2006. — (Coleção debates teológicos)

Título original: *Show them no mercy:* four views on God and Canaanite genocide
Bibliografia.
Vários autores.
ISBN 85-7367-937-9

1. Cananeus - Ensino bíblico 2. Genocídio - Ensino bíblico 3. Guerra - Ensino bíblico I. Gundry, Stanley N. II. Título. III. Série

06-0079 CDD-230.0411

Índice para catálogo sistemático

1. Bíblia : Antigo Testamento : Teologia 230.0411

SUMÁRIO

INTRODUÇÃO

Qualquer pessoa que ler o Antigo Testamento (AT) do início ao fim encontrará obstáculos para compreender a continuidade de sua mensagem. É muito comum, por exemplo, o leitor ver-se enredado pela segunda parte de Êxodo e, mais especificamente, pelo livro de Levítico, perguntando-se sobre a importância de tanta "ordem sobre ordem, regra e mais regra", uma vez que "foi para a liberdade que Cristo nos libertou [da Lei]" (Gl 5.1). Será que realmente perderíamos alguma coisa se eliminássemos essas partes de nossa Bíblia?

Surge igualmente uma situação embaraçosa quando o leitor depara com a lei revelada por Deus acerca da guerra contra as nações cananéias (e.g., Dt 20) e a maneira pela qual tais regras foram aplicadas, por exemplo, no caso de Jericó (v. Js 6.17-21). Como o Deus da Bíblia foi capaz de ordenar a matança indiscriminada de todo um povo, sobretudo quando no Novo Testamento (NT) Jesus nos manda amar os inimigos e orar por eles? Muitas vezes, tendemos a relegar essa pergunta ao porão de nossa mente e deixá-la quietinha ali dentro, sem resposta.

Os quatro autores deste livro, em seus ensaios, têm a intenção de nos auxiliar na busca de uma resposta a essa indagação. Como acontece nos assuntos polêmicos concernentes à interpretação bíblica, eles certamente não têm a mesma opinião sobre a melhor maneira de resolver o problema. Contudo, partem do mesmo princípio: o reconhecimento da autoridade e da inspiração das Escrituras. Quanto a esse fundamento teológico, não há nenhum desacordo entre os autores.

O tema discutido em *Deus mandou matar?* ganhou notoriedade nos últimos anos, quando uma nova palavra passou a fazer parte de nosso vocabulário: *jihad*. Com efeito, existe alguma correspondência temática entre o termo muçulmano *jihad* e a expressão bíblica "guerra do Senhor" (i.e., guerra de Javé). Não se trata de coincidência o fato de os quatro debatedores fazerem uma breve menção ao atentado ocorrido em 11 de setembro de 2001, quando extremistas muçulmanos, em nome de sua religião e insuflados por Osama bin Laden, exterminaram milhares de civis inocentes. Todas as pessoas civilizadas repudiaram o que aconteceu naquele 11 de setembro. Será que, de igual modo, repudiamos o que ocorreu em Jericó há mais de 3 mil anos?

Além disso, em lugares como Ruanda, Bósnia e Kosovo, assistimos à matança indiscriminada de milhares de civis inocentes de um mesmo grupo étnico. Hoje em dia, já estamos acostumados aos termos "genocídio" e "limpeza étnica" — expressões que não faziam parte de nosso vocabulário algumas décadas atrás. As imagens que vimos na televisão calam fundo em nosso coração e fazem-nos perguntar: "Que diferença há, se é que existe alguma, entre a limpeza étnica da atualidade e o genocídio cananeu autorizado no Antigo Testamento?". Se ela é injusta nos séculos XX e XXI d.C., também teria sido injusta nos séculos XV ou XIII a.C. (a depender da exatidão de datas em que se deu a conquista de Canaã)?

Esperamos que, de alguma forma, os diferentes ensaios presentes neste livro possam ajudá-lo a chegar a uma solução para essa intrigante questão. Que Deus e sua Palavra sejam em tudo glorificados!

Stan Gundry

Organizador da série

PREFÁCIO

Certo dia, numa rádio, um grupo de analistas do esporte discutia o possível impacto da presença de um grupo dos Atletas de Cristo no plantel de um clube de futebol. Havia a suspeita, apresentada como simples hipótese, de que o mau rendimento de certo time podia ser atribuído a esses atletas que, em campo, estariam praticando uma versão esportiva do "voltar a outra face". Até que um dos debatedores atalhou: "Muito vai depender do que esses moços estão lendo na concentração. Afinal, há todos aqueles textos do Antigo Testamento que incitam à guerra!". O debate ficou nisso, mas ainda teria sido possível acrescentar: "E tudo depende de *como* eles vão ler aqueles textos antigos, ou, então, do tipo de aplicação que irão fazer". Com isso, estaria colocada a questão hermenêutica.

Essa discussão mostra que existe certa expectativa de que o cristão seja pacífico, para não dizer pacifista. Por outro lado, muito do discurso evangélico brasileiro é marcado por terminologia e conceitos de conflito. Fala-se de cruzadas, lutas, batalhas, vitória, para citar apenas alguns termos. Se agregarmos a isso a constatação de que a própria ocupação do continente americano foi inspirada, em grande parte, por um ideário de cruzada ou guerra santa, mais ainda se justifica a publicação de *Deus mandou matar?*.

Claro, o livro foi escrito num contexto diferente, no período após o trágico Onze de Setembro de 2001, em tempos de recrudescimento do discurso em torno do *jihad*, e à luz de episódios recentes de limpeza étnica no continente europeu. Mesmo assim, o assunto tem interesse e muito bem se aplica ao contexto brasileiro.

O tema do livro diz respeito à teologia do Antigo Testamento. Trata da incômoda ordem divina de exterminar os povos cananeus, sem dó nem piedade. Responde à suspeita, compartilhada por muitos, de que o Deus revelado no Antigo Testamento está mais para Osama bin Laden do que para Jesus Cristo. Como entender a guerra santa ou "guerra de Javé" à luz do Novo Testamento? Ou, será que lemos mal até mesmo o Novo Testamento? Deveríamos optar por descontinuidade radical, isto é, seguir os passos de Marcião e abrir mão do Antigo Testamento? Ou, se confessamos a unidade do cânone, como vamos explicar o relacionamento entre os Testamentos? Mesmo evitando a rejeição pura e simples do relato do Antigo Testamento e, por outro, fugindo da aplicação direta sem nenhuma mediação hermenêutica, existe ainda, entre esses extremos, uma grande área em que nem tudo é fácil e muitos têm pouca ou nenhuma certeza. Há, pois, amplo espaço para a discussão do tema de perspectivas distintas, que por vezes se aproximam e por vezes se afastam.

Deus mandou matar? é bastante informativo a respeito das práticas de guerra no Israel antigo, vistas dentro do contexto histórico daquele tempo. Visto de outro ângulo, é um pequeno tratado de teologia do Antigo Testamento. O ganho maior para o leitor, no entanto, é de natureza hermenêutica, em termos de método teológico e discussão de um assunto à luz de perspectivas ou pontos de vista teológicos diferentes.

A estruturação do livro permite que o assunto do *ḥerem*, ou anátema, seja apresentado quatro vezes, por autores diferentes, que defendem pontos de vista distintos. Como se não bastasse, cada uma das quatro apresentações é seguida de três réplicas, num total de 12. Disso resulta certa repetição, o que não é necessariamente uma inconveniência, em se tratando de um assunto complexo e pouco discutido nesse nível. No entanto, o embate de idéias, a contraposição de pontos de vista é a grande lição de hermenêutica. Tentar ver o que une e o que separa os diferentes posicionamentos pode ser um interessante exercício hermenêutico.

A seqüência dos capítulos não é aleatória, muito menos inocente. O simples fato de se começar com descontinuidade radical e terminar com continuidade espiritual transmite, por si só, uma mensagem. Esta é, a rigor, a conclusão do livro, que não tem uma conclusão formal. No entanto, nada impede que se leia numa ordem diferente. É possível, por exemplo, ler inicialmente as quatro apresentações e só depois passar às réplicas. Ou, então, ler o desestruturante capítulo um e, de imediato, tentar recuperar o equilíbrio, lendo o capítulo três. Ou, ainda, ler de trás para a frente, começando pelo capítulo quatro. Em todo caso, o livro não é impositivo, pois não defende um ponto de vista, bloqueando o acesso aos demais. E nisto reside outro grande mérito.

Esta obra é, sem dúvida, uma grande contribuição à literatura teológica brasileira. Aborda um assunto ligado à teologia do Antigo Testamento, área na qual, com certeza, há muitas carências. Tem muito a ensinar em termos de hermenêutica, outro campo em que sempre há algo mais a aprender.

DR. VILSON SCHOLZ
Consultor de Traduções da SBB e Professor de Teologia da Universidade Luterana do Brasil – ULBRA, em Canoas (RS)

ABREVIATURAS

ANET	*Ancient Near Eastern Texts*
ARA	*Almeida Revista e Atualizada, 2.ª edição*
BEATAJ	Beiträge zur Erforschung des Alten Testaments
BETL	Biblioteca ephemeridum theologicarum lovaniensium
Bib	*Biblica*
BibSac	*Bibliotheca Sacra*
BJS	Brown Judaic Studies
BR	*Biblical Research*
BWANT	Beiträge zur Wissenshchaft vom Alten und Neuen Testament
BZAW	Beihefte zur Zeitschrift für die alttestamentliche Wissenschaft
EvQ	*Evangelical Quarterly*
FOTL	Forms of the Old Testament Literature
FThS	Freiburger Theologische Studien
HAT	Handbuch zum Alten Testament
HBT	*Horizons in Biblical Theology*
HSM	Harvard Semitic Monographs
Int	*Interpretation*
JBL	*Journal of Biblical Literature*
JETS	*Journal of Evangelical Theological Society*
JPSTC	The Jewish Publication Society Torah Commentary
JRE	*Journal of Religious Ethics*
JSOTSup	Journal for the Study of the Old Testament Supplement Series
KAT	Kommentar zum Alten Testament
NAC	New American Commentary

NCBC	New Century Bible Commentary
NICOT	New International Commentary on the Old Testament
NIDOTTE	*New International Dictionary of Old Testament Theology and Exegesis*
NVI	*Nova Versão Internacional*
NIVAC	NIV Application Commentary
OTL	Old Testament Library
PEQ	*Palestine Exploration Quarterly*
RB	*Revue Biblique*
RevExp	*Review and Expositor*
SJT	*Scottish Journal of Theology*
SWJT	*Southwestern Journal of Theology*
TDOT	*Theological Dictionary of the Old Testament*
TOTC	Tyndale Old Testament Commentaries
TynBul	*Tyndale Bulletin*
VT	*Vetus Testamentum*
WBC	Word Biblical Commentary
WMANT	Wissenschaftliche Monographien zum Alten und Neuen Testament
WJT	*Westminster Theological Journal*
ZAW	*Zeischrift für die alttestamentliche Wissenschaft*

1

O ponto de vista da

DESCONTINUIDADE RADICAL

C. S. COWLES

2

O ponto de vista da

DESCONTINUIDADE MODERADA

EUGENE H. MERRILL

3

O ponto de vista da

CONTINUIDADE ESCATOLÓGICA

DANIEL L. GARD

4

O ponto de vista da

CONTINUIDADE ESPIRITUAL

TREMPER LONGMAN III

O ponto de vista da

DESCONTINUIDADE RADICAL

C. S. Cowles

> Para aquele que acredita ser seu dever dar uma resposta concernente a esse assunto, tenho apenas um pedido: que tudo o que fizer seja feito, em amor e com espírito de mansidão. Que até no calor do debate vocês demonstrem que estão revestidos "como eleitos de Deus, santos e amados, de ternos afetos de misericórdia, de bondade, de humildade, de mansidão, de longanimidade" [Cl 3.12, ARA], para que, ainda em nossos dias, possa ser dito: "Vejam como esses cristãos se amam!".
>
> John Wesley, Introdução ao sermão "Livre graça"

> Quando o Senhor, o seu Deus, os fizer entrar na terra, para a qual vocês estão indo para dela tomarem posse, ele expulsará de diante de vocês muitas nações [...] então vocês as destruirão totalmente [...] e não tenham piedade delas. Não deixem vivo nenhum ser que respira. Conforme a ordem do Senhor, o seu Deus, destruam totalmente... (Dt 7.1,2; 20.16,17; v. Dt 7.3-5; 20.16-18; 32.39; Js 6.21; 8.24-26; 10.28,40; 11.11,14,20,21).
>
> Vocês ouviram o que foi dito: "Ame o seu próximo e odeie o seu inimigo". Mas eu lhes digo: Amem os seus inimigos e orem por aqueles que os perseguem, para que vocês venham a ser filhos de seu Pai que está nos céus (Mt 5.43,44; v. Mt 5.45-48; Lc 6.27-36; 9.51-56).

Em meio aos sonhos, esperanças e vidas despedaçados no atentado em que as torres gêmeas, catedral do capitalismo americano, vieram abaixo em 11 setembro de 2001, constatou-se a explicação simplista e cômoda do evangelicalismo, relacionando o ocorrido com os "textos de terror", encontrados no AT, que registram genocídios.[1] Isso foi mostrado diante das câmeras, quando Jerry Falwell apareceu no programa de TV *The 700 Club* [Clube 700] e, numa reflexão, atribuiu ao juízo de Deus o pior atentado terrorista da História contra cidadãos americanos. Falwell culpou "os incrédulos materialistas, os favoráveis ao aborto, as feministas, os homossexuais, as lésbicas [...] a ACLU (American Civil Liberties Union), a People for the American Way, enfim, todos [...] os que tentaram secularizar os Estados Unidos".[2]

Quando o furor da mídia despertou com esse comentário, (o que provocou, até mesmo, uma nota oficial da Casa Branca, esclarecendo que "o presidente não partilhava daquelas opiniões"),[3] Jerry Falwell publicou uma defesa na qual se contradizia totalmente: "Nem eu nem qualquer pessoa temos alguma razão para acreditar que as atrocidades cometidas pelos terroristas em 11 de setembro tenham alguma relação com o juízo de Deus". E asseverava: "Eu não deveria ter declarado algo diferente disso. Nosso Senhor é um Deus de amor. Ele provou isso de forma cabal e eterna ao enviar seu Filho para morrer na cruz por todos os pecadores, dentre os quais me incluo".[4] A rede evangélica de TV de Pat Robertson (Christian Broadcasting Network) veiculou uma declaração, classificando os comentários de Falwell como "severos e desagradáveis em sua entonação" e esclarecendo que o entrevistador do programa, o próprio Robertson, que inicialmente concordara com Falwell, não havia "entendido bem" o que o entrevistado dissera.[5]

Quando menos esperavam, Falwell e Robertson viram-se presas de um dilema que tem incomodado os intérpretes da Bíblia desde a formação do cânon das Escrituras cristãs. Como harmonizar o Deus guerreiro de Israel e o Deus de amor encarnado em Jesus? Como conciliar as instruções de Deus, no AT, para destruir "totalmente" os cananeus com o mandamento de Jesus, no NT, para amar "os seus inimigos"? A resposta mais rápida e curta é: com grande dificuldade.

[1]Cf. Phyllis Trible, *Texts of Terror* (Philadelphia: Fortress, 1984).
[2]*Newsweek* (Sept. 24, 2001): 7; *USA Today* (Sept. 18, 2001), 23A.
[3]*Washington Post* (Sept. 14, 2001), CO3.
[4]*USA Today* (Sept. 21, 2001), 23A.
[5]Ibidem (Sept. 18, 2001), 13A.

TENSÃO ENTRE OS TEXTOS

O compromisso com a inerrância e a infalibilidade de *toda* a Escritura[6] deixa os eruditos da Bíblia e teólogos evangélicos sem muita opção, exceto manter a mencionada "tensão entre os textos" e asseverar que ambas as perspectivas devem ser consideradas igualmente verdadeiras. Afirmam que a aniquilação indiscriminada dos cananeus foi, de fato, determinada por Deus, ainda que John Bright saliente que o AT "relata uma história sangrenta de batalhas, violência e matança em grande escala, um massacre que Deus auxilia com seus atos poderosos. A fumaça de cidades incendiadas e o fedor de carne em putrefação pairam sobre suas páginas". Bright acrescenta: "É uma história de fanatismo, de guerra santa e de destruição indiscriminada em sacrifício (heb. *ḥerem*)".[7] Contudo, atribuir essas atrocidades à verdadeira intenção e vontade de Deus impõe dificuldades insuperáveis à teologia, à ética e à práxis cristãs.

Em Ruanda, o país mais cristianizado da África, houve uma demonstração trágica de que a violência iniciada e sancionada por motivo divino não é mera questão acadêmica. Num ato de insanidade autodestrutiva, a etnia dominante hutu exterminou a minoria tutsi. Num período de cem dias, os hutus dizimaram brutalmente cerca de 800 mil tutsis e seus simpatizantes. Peter Gourevitch relembra o horrível episódio ocorrido no complexo hospitalar da Missão Adventista do Sétimo Dia em Mungonero, onde 2 mil tutsis se refugiaram, dias antes do massacre.[8]

O dr. Gerard, médico formado nos Estados Unidos e diretor do hospital, acolheu-os e, em seguida, estabeleceu os limites.

[6]A doutrina da infalibilidade e da inerrância das Escrituras foi detalhada por 300 eruditos, teólogos e pastores evangélicos conservadores fundamentalistas em 1978 na *Declaração de Chicago*. Em suma, o documento declara que "Deus, que em si mesmo é a Verdade e só fala a verdade, inspirou as Escrituras Sagradas"; que elas, "sendo a própria Palavra de Deus [...], têm autoridade divina e infalível em todos os assuntos a que se refere"; que, "pelo fato de serem plena e verbalmente divinas, estão isentas de erros ou falhas em todos os seus ensinamentos"; que, "se essa total inerrância divina é, de qualquer modo, limitada, desprezada ou relativizada diante de uma perspectiva da verdade contrária à da Bíblia, é inevitável que a autoridade das Escrituras seja prejudicada".

[7]*The Authority of the Old Testament* (Grand Rapids: Baker, 1978), p. 243.

[8]*We Wish to Inform You That Tomorrow We Will Be Killed with Our Families: Stories from Rwanda* (New York: Farrar Straus & Giroux, 1998), p. 26.

Em 15 de abril de 1994, ele anunciou: "Amanhã de manhã, sábado, dia 16, às 9 horas em ponto, vocês serão atacados". Ainda sem acreditar no que ouviam, sete pastores tutsis da Igreja Adventista do Sétimo Dia escreveram às pressas uma carta ao presidente distrital da denominação, pastor Elizaphan Ntakirutimana, pai do dr. Gerard. Eles lhe imploraram que interviesse "do mesmo modo que os judeus foram salvos por Ester". O pastor enviou uma resposta curta e grossa: "Vocês têm de ser eliminados. Deus não precisa mais de vocês".[9]

No sábado, às 9 horas da manhã, o dr. Gerard chegou ao complexo hospitalar num veículo lotado com uma milícia armada hutu. Os aldeões hutus das proximidades trouxeram seus facões de mato e juntaram-se ao ataque. De forma lenta e sistemática, eles mataram os que se aglomeraram na capela, em seguida os que estavam na escola e por fim os que se encontravam refugiados no hospital. Os sete pastores tutsis continuaram a orar com seu povo até o momento em que também foram exterminados. No dia seguinte, bem cedo, o dr. Gerard levou a milícia à vila de Murambi, que ficava nas proximidades, onde sobreviventes tutsis se haviam refugiado na Igreja Adventista do Sétimo Dia. Todos foram mortos.

A mente entra em parafuso. Sentimos ânsia de vômito. Como pode um ser humano — e pior, dentre os que professam lealdade ao Príncipe da Paz — praticar tais atrocidades? Ainda assim, é lamentável que a história da Igreja esteja tão manchada por derramamentos de sangue dessa natureza quanto a história de Israel e do Islã. Cristãos lançaram mão da espada contra muçulmanos, judeus e outros "infiéis" durante as Cruzadas. Protestantes e católicos promoveram um massacre mútuo em "guerras santas" que arrasaram a Europa depois da Reforma. A Igreja Católica Romana torturou, queimou na fogueira, afogou e espoliou centenas de milhares de supostos hereges e bruxas durante os mais de cinco séculos da Inquisição. Cristãos europeus não apenas se apoderaram de terras aborígines, como também destruíram 80% das populações nativas da América do Norte e da América do Sul por genocídio, doenças e embriaguez no decurso da sangrenta era da expansão e exploração colonial. E foi a nação mais cris-

[9]Ibidem, p. 28, 42.

tianizada da Europa que, ostensiva e sistematicamente, fuzilou, envenenou em câmaras de gás e incinerou 6 milhões de judeus por ocasião do Holocausto perpetrado pelos nazistas.

Abaixamos a cabeça, envergonhados, ao admitir que o *jihad* ("guerra santa") não é uma invenção muçulmana. Suas origens e razões encontram-se nas Escrituras hebraicas. Pelo que se conhece dos registros históricos, Moisés foi o primeiro a descrever em detalhes uma ideologia de "guerra santa" que impunha — ao contrário da reformulação feita por Maomé — a destruição genocida dos inimigos. Moisés e Josué foram os primeiros a se engajar em campanhas de "limpeza étnica" como o *ḥerem* ("atos de consagração religiosa"). É a esses textos da Bíblia que cristãos têm recorrido, desde Agostinho, no século IV, até os cristãos ortodoxos sérvios, no século XX, a fim de justificar a destruição em massa de seres humanos. Paulo, por experiência própria e antes de se tornar cristão, sabia que a Palavra de Deus pode ser facilmente pervertida para justificar atos execráveis de violência quando escreveu: "A letra mata" (2Co 3.6).

Entretanto, tudo isso ainda é irrelevante se comparado ao prejuízo espiritual e emocional causado por conceitos divinos grotescamente distorcidos, engendrados com base em passagens que relatam genocídios. Boa parte dos comentaristas evangélicos, seguindo o exemplo de Moisés, justifica a "limpeza étnica" dos cananeus "devido à impiedade destas nações" (Dt 9.4). Essa "cirurgia drástica" era necessária para purificar a terra de "todas as coisas repugnantes que fazem quando adoram os seus deuses" (Dt 20.18).[10] João Calvino, em seu comentário sobre o livro de Josué, afirma que "aprouve a Deus purificar a terra de Canaã das profanações indecentes e repugnantes pelas quais, havia muito, fora contaminada".[11] Ele reconhece:

> A matança indiscriminada e heterogênea [dos cananeus], sem nenhuma distinção de idade ou sexo, o que incluía igualmente mu-

[10]"Um cirurgião não hesitaria em remover um braço, uma perna ou mesmo um órgão vital em caso de risco de morte. A própria existência de Israel — e, em última análise, a salvação do mundo — dependia disso" (William Sanford LaSor, David Allan Hubbard & Frederic William Bush, *Old Testament Survey*, 2. ed., Grand Rapids: Eerdmans, 1996, p. 147-8) [publicado por Edições Vida Nova, *Introdução ao Antigo Testamento*].

[11]*Commentaries on the Book of Joshua*, trad. Henry Beveridge (Edinburgh: Calvin Translation Society, 1855), p. 97. [Obra original em francês.]

lheres e crianças, idosos e decrépitos, pode parecer desumana, não tivesse sido ordenada por Deus. Mas como ele, em cujas mãos está a vida e a morte, havia *condenado com justiça* aquelas nações à destruição, isso coloca um ponto final em toda a discussão (grifo do autor).[12]

"Condenado com justiça"?! O que pode ser chamado "justo" num massacre impiedoso e indiscriminado de "mulheres e crianças, idosos e decrépitos"? Visto que as pressuposições teológicas de Calvino não permitiam outra conclusão senão que Deus o determinara antes da fundação do mundo, ele cai em si e admite: "*Confesso que o decreto é realmente medonho*" (grifo do autor).[13]

"Medonho" ainda é um termo muito brando. John Wesley declara que atribuir essas atrocidades a Deus é uma afronta ao seu caráter e o torna "mais falso, mais cruel e mais injusto que o Diabo [...]. Deus teria tomado a tarefa das mãos [de Satanás e se tornado] o destruidor das almas".[14] O teólogo Walter Wink protesta: "Em face dessa concepção de Deus, a revolta do ateísmo é um ato de pura devoção religiosa".[15]

Peter Craigie, ao pensar em pessoas como Wesley e Wink, que afirmam que os genocídios ordenados por Moisés fazem da justiça de Deus um escárnio, para não falar de sua santidade e seu amor, responde da seguinte maneira: "A participação de Deus na história humana e por meio de vidas humanas não nos permite obter um vislumbre de seu *ser* moral. Ao contrário, demonstra sua vontade e sua *atividade*".[16] Ao que se poderia perguntar: De que outra maneira o "ser *moral*" de Deus é evidenciado, senão pela sua "vontade e atividade"? Quem rouba não é ladrão? Quem adultera não é adúltero? Quem mata não é assassino? Atribuir a Deus a violência de um genocídio é contaminar a nascente de seus demais atributos. Wesley chama a atenção para o fato de que "isso tende a des-

[12]Ibidem.

[13]*Institutes of the Christian Religion*, ed. John T. McNeill, trad. do original francês por Ford Lewis Battles (Philadelphia: Westminster, 1960) 3.23.7, p. 955-6 [publicado pela Casa Editora Presbiteriana, *As institutas da religião cristã*].

[14]Free Grace, in: *The Works of John Wesley* (London: Wesleyan Conference Office, 1872), v. 7, p. 373-86.

[15]*Engaging the Powers* (Minneapolis: Fortress, 1992), p. 149.

[16]*The Problem of War in the Old Testament* (Grand Rapids: Eerdmans, 1978), p. 42.

truir, de modo direto, aquela santidade divina que é o alvo final de todos os seus mandamentos. Tal prática subverte [...] sua justiça, misericórdia e verdade".[17]

Do modo em que conceitos distorcidos sobre Deus vêm sendo manipulados para incitar a violência religiosa em nossos dias — o que ficou patente naquela revoltante terça-feira negra de 11 de setembro de 2001 —, os evangélicos não se podem dar ao luxo de justificar os "textos de terror" que ordenavam o genocídio no AT como base para a reflexão acerca do "ser moral" de Deus nem de sua "vontade e atividade". Nem há necessidade disso. John Bright lembra que o AT "é um documento da fé do antigo Israel e um documento da Igreja em segundo plano. Sua mensagem não é, por si mesma, de conteúdo cristão".[18] Walter Brueggemann adverte que "a articulação teológica do AT não serve de base para o estabelecimento da fé da Igreja [...]. O testemunho teológico do AT tem muito de feroz e indomado, o que não se enquadra à teologia da Igreja".[19]

Há um modo melhor de lidar com as ordens antagônicas de Deus com relação à maneira de tratar os inimigos: admitir o que é adotado em todo o NT, ou seja, que, embora existam áreas amplas e vitais de continuidade entre a fé de Israel e a da Igreja, há contudo instâncias significativas de descontinuidade radical, e a mais extrema delas diz respeito à violência divinamente sancionada. Os pais da igreja primitiva, ao decidirem acerca do cânon das Escrituras Sagradas, tinham boas razões para separar as Escrituras hebraicas das Escrituras cristãs e denominar aquelas pelo designativo "Antigo" e estas pelo designativo "Novo".

Ao fazê-lo, os pais da Igreja seguiam o paradigma estabelecido dentro do próprio NT. Paulo traça uma nítida distinção entre a "antiga aliança", concretizada na Torá, e a "nova aliança", personificada em Cristo. A primeira "estava se desvanecendo", enquanto a última é dotada de "glória cada vez maior" (2Co 3.7-18). O autor da carta aos Hebreus vai mais longe, ao afirmar: "Chamando 'nova' esta aliança, ele tornou antiquada a primeira; e o que se torna antiquado e envelhecido está a ponto de desaparecer" (Hb 8.13).

[17]Op. cit., p. 376, 382.
[18]Op. cit., p. 183.
[19]*Theology of the Old Testament* (Minneapolis: Fortress, 1997), p. 107.

Em contraste com muitos textos do AT que refletem o que Martinho Lutero classifica como "o lado obscuro de Deus", está o testemunho claro e inequívoco de João, que exulta ao declarar: "Deus é luz; nele não há treva alguma" (1Jo 1.5). Ele ainda vai ao extremo de afirmar categoricamente que "Deus é amor [gr. *agapē*]" (4.8). No testemunho exuberante de Tiago, Deus é "o Pai das luzes, que não muda como sombras inconstantes" (Tg 1.17). Paulo regozija-se em dizer que não mais vê "apenas um reflexo obscuro [de Deus], como em espelho" (1Co 13.12), mas "com a face descoberta" contemplamos a plenitude da "glória de Deus na face de Cristo" (2Co 3.18; 4.6).

VINHO NOVO, ODRES VELHOS

O equilíbrio do mundo físico é interrompido periodicamente por aquilo que o físico James Clerk Maxwell denomina *singular points* [pontos ou momentos singulares]. Uma minúscula partícula de cristal que cai numa solução saturada provoca a transformação de todo o volume da solução em estrutura cristalina semelhante. A queda de apenas um grau pode causar o congelamento das águas de um imenso oceano. A divisão de um único átomo precipita uma explosiva reação em cadeia de poder inimaginável. De igual modo, diz Maxwell, nas questões humanas "há momentos imprevisíveis em que uma pequena força, em vez de produzir proporcionalmente um pequeno resultado, gera efeitos de extensão muito maior: a pequena fagulha que incendeia a grande floresta, a palavrinha insignificante que provoca um conflito de proporções mundiais".[20]

A história humana movimenta-se ao longo de linhas de relativa continuidade, até que surge um momento singular a partir do qual ocorre uma mudança marcante no pensamento e no comportamento. Essa mudança pode ser desencadeada por um acontecimento aparentemente insignificante, tal como o domínio do uso do fogo, a invenção da roda ou a redução da linguagem à forma escrita. Pode concentrar-se numa única pessoa, tal como Abraão, Platão ou Copérnico. Quando esse acontecimento ocorre ou essa pessoa surge, ain-

[20]Apud Lewis MUMFORD, *The Conduct of Life* (New York: Harcourt, Brace & World, 1951), p. 227.

da que não seja tão notável naquele momento, tudo muda. As coisas nunca mais serão a mesmas.

O nascimento de Jesus vai além de um mero momento singular dentre tantos. Foi singular ao extremo de se tornar o ponto axial da história humana. Indica aquele momento em que a divindade entrecortou a humanidade, formando uma interseção de modo análogo ao que os físicos descrevem como o ponto de absoluta singularidade do qual surgiu o Universo. Essa é a verdade que o evangelista João proclama no início de seu evangelho ao ligar estes dois pontos de singularidade: "No princípio era aquele que é a Palavra. Ele estava com Deus, e era Deus. Ele estava com Deus no princípio. Todas as coisas foram feitas por intermédio dele; sem ele, nada do que existe teria sido feito" (Jo 1.1-3). Aquele que estava presente e ativo no exato momento em que aconteceu o tão falado *Big Bang* e que dirigiu todos os estágios subseqüentes à Criação fez-se carne em Jesus de Nazaré (Jo 1.14-18). Essa é a surpreendente afirmação de fé que se encontra no coração do cristianismo.

Jesus não foi mais um dentre os muitos profetas de Israel. Não foi apenas uma voz a mais a clamar no deserto. Em sua pessoa, sua mensagem e sua missão, ele incorporou e proclamou uma nova revelação, ao mesmo tempo animadora e perturbadora. Tudo o que foi dito sobre sua pessoa distingue-o de todos os que vieram antes dele. Após reconhecer que "há muito tempo Deus falou muitas vezes e de várias maneiras aos nossos antepassados por meio dos profetas" (Hb 1.1), o autor da carta aos Hebreus declara que "nestes últimos dias falou-nos por meio do Filho, a quem constituiu herdeiro de todas as coisas e por meio de quem fez o universo. O Filho é o resplendor da glória de Deus e a expressão exata do seu ser" (v. 2,3). Nunca algum "antepassado" ou "profeta" havia sido chamado "o Filho" de Deus. Nunca se disse de um ser humano que tivesse exibido "o resplendor da glória de Deus", muito menos que tivesse encarnado "a expressão exata do seu [de Deus] ser". Evidentemente, Jesus representa uma nova ordem na revelação divina. Há uma infinita diferença qualitativa entre ele e todos os que o antecederam.

Pedro estabeleceu um nítido contraste entre "o patriarca Davi [que] morreu e foi sepultado" e Jesus, a quem "Deus ressuscitou" (At 2.29,32). A ressurreição, de maneira decisiva, distingue Jesus de todos os que vieram antes dele. Foi o "sim" definitivo de Deus, confirmando sua palavra dirigida a ele por ocasião do batismo: "Tu és o meu Filho amado; em ti me agrado" (Mc 1.11). Embora na Antiguidade não houvesse ninguém mais venerado pelos judeus do que Moisés, o autor de Hebreus assegura que "Jesus foi considerado digno de maior glória do que Moisés [que] foi fiel como servo em toda a casa de Deus [...], mas Cristo é fiel como Filho sobre a casa de Deus" (Hb 3.3-6).

Em lugar algum das Escrituras consta que Moisés ou Josué tenha sido "elevado aos céus" ou "exaltado à direita de Deus" (At 1.11; 2.33). Jesus sobrepõe-se a Moisés, a Arão, a Josué e até mesmo aos anjos: "... tornando-se tão *superior* aos anjos quanto o nome que herdou é *superior* ao deles" (Hb 1.4; grifo do autor; v. 1.5-14; 3.1; 4.8-10; 5.4-6). De igual modo, João atesta a descontinuidade radical entre a antiga e a nova aliança: "A Lei foi dada por intermédio de Moisés; a graça e a verdade vieram por intermédio de Jesus Cristo" (Jo 1.17).

A singularidade de Jesus como o divino Filho de Deus é retratada de forma dramática no relato da transfiguração. Ao lado dele, aparecem as duas figuras principais da história religiosa de Israel: Moisés, o primeiro mediador da Lei, e Elias, o protótipo do porta-voz profético de Deus. Contudo, só Jesus foi transfigurado. Aquela voz celestial não se dirigiu a nenhuma dessas duas personalidades primordiais da antiga aliança, mas unicamente a Jesus: "Este é o meu Filho amado. Ouçam-no!". Depois disso, os três discípulos que Jesus levara consigo "olharam ao redor [e] não viram mais ninguém, a não ser Jesus" (Mc 9.2-8). Esse é um dos textos mais claros para a comprovação de que a revelação de Deus em Jesus, e por intermédio dele, ao mesmo tempo cumpriu e suplantou "a Lei e os Profetas" (Mt 7.12).

Paulo acentua ainda mais a distinção entre a antiga e a nova aliança ao escrever: "O ministério que trouxe a morte foi gravado com letras em pedras; mas esse ministério veio com tal glória que os israelitas não podiam fixar os olhos na face de Moisés, por causa do resplendor do seu rosto, ainda que desfalecido. Não será o ministério do Espírito ainda muito mais glorioso?". Há uma diferença marcante entre "a letra [que] mata", gravada "em pedras", e "o Espírito [que] vivifica", "a glória do que permanece". O "véu" que por tanto tempo escondeu a beleza radiante da glória de Deus, "em Cristo [...] é removido". O resultado favorável é que "todos nós, que com a face descoberta contemplamos a glória do Senhor, segundo a sua imagem estamos sendo transformados com glória cada vez maior, a qual vem do Senhor, que é o Espírito" (2Co 3.6-18). E que glória é essa? A "glória de Cristo, *que é a imagem de Deus*", a "glória de Deus *na face de Cristo*" (2Co 4.4,6; grifo do autor). Tudo o que os "patriarcas" e "profetas", com base na antiga aliança, contemplaram obscuramente e entenderam parcialmente, agora é plena e definitivamente exibido sem distorções em Jesus.

Jesus presenteia-nos com uma perfeita "imagem [reflexão, refração] do Deus invisível", porque nele "habita corporalmente toda a plenitude da divindade" (Cl 1.15; 2.9). Quando Filipe pediu: "Senhor, mostra-nos o Pai", Jesus respondeu: "Você não me conhece, Filipe, mesmo depois de eu ter estado com vocês durante tanto tempo? Quem me vê, vê o Pai" (Jo 14.8,9). No NT, não é Deus que define quem é Jesus. Ao contrário, é Jesus que dá a definição de quem é Deus. Jesus é a lente através da qual se obtém a perspectiva integral, equilibrada e sem distorções do coração amoroso de Deus e de seus propósitos repletos de graça. O que é *novo* no que se refere à nova aliança é o fato de que Deus é igual a Cristo. "Para saber como Deus é", diz Philip Yancey, "basta olhar para Jesus".[21]

Em sua vida, morte e ressurreição, Jesus rasgou, literal e figuradamente, o enorme véu do templo em duas partes, "destruiu a barreira, o muro de inimizade" (Ef 2.14). Ele nos possibilitou ver com extraordinária clareza que o atributo essencial do coração de Deus, o traço característico fundamental do qual se origina toda atividade divina, é o que John Wesley denomina "santo amor".[22] Os cristãos não devem mais definir Deus como o "Deus de Abraão, o Deus de Isaque, o Deus de Jacó" (Êx 3.6), a despeito de sua importância na história da salvação, e sim como o "Pai de nosso Senhor Jesus Cristo, Pai das misericórdias e Deus de toda consolação" (2Co 1.3). Hans Küng refere-se a Deus como aquele que tem um "rosto humano", a face do ser humano, Jesus de Nazaré. Ele acrescenta que o Deus de Jesus é "inequivocamente bondo-

[21]*Reaching for the Invisible God* (Grand Rapids: Zondervan, 2000), p. 125 [publicado pela Editora Vida, *O Deus (in)visível*, 2001].

[22]Mildred Bangs Wynkoop, *A Theology of Love: The Dynamic of Wesleyanism* (Kansas City: Beacon Hill, 1972), p. 24.

so e não é mau [...]. Deus não é insensível ao homem; ao contrário, é benevolente. Jesus chama-o de 'bom', o único bom, misericordioso".[23]

O teólogo wesleyano Thomas A. Noble sugere acertadamente que o ponto de partida para a formação da autêntica teologia cristã não está naquilo que a Bíblia ensina sobre Deus em termos gerais, mas especificamente no que Jesus revela acerca de Deus.

> A teologia é [...] verdadeiramente *teocêntrica* somente se for *cristocêntrica*. Não é, como relembra Donald Baillie, teísmo acrescido de cristologia. Não existe conhecimento de Deus, exceto por meio da "luz do evangelho da glória de Cristo, que é a imagem de Deus", e nenhum conhecimento do Pai, senão por intermédio do Filho, de modo que nossa teologia seja *cristonormativa*.[24]

Sendo assim, Deus não é como o primeiro Josué, um guerreiro, e sim como o segundo, o Príncipe da Paz.[25] Tal como expressa o escrito cristão anônimo destinado a Diogneto, "violência não é atributo de Deus".[26]

Quando alguém prega um sermão, e os ouvintes, ao final, desejam matar o pregador, pressupõe-se que este certamente mexeu em alguma ferida. Foi exatamente o que ocorreu quando Jesus concluiu seu sermão inaugural em Nazaré (Lc 4.16-30). O que havia na leitura daquela canção profética do livro de Isaías que tanto irritou as pessoas? Para início de conversa, ele interrompeu a leitura antes da frase profética de maior culminância, que representava as esperanças e os sonhos de um povo aflito e oprimido, a saber, "o dia da vingança do nosso Deus" (Lc 4.18,19; Is 61.1,2), que fora predito muito antes.

Toda a trajetória da vida e morte de Jesus deixa muito claro que a edição crítica que ele fez dessa passagem das Escrituras não foi acidental, mas intencional, e representava um

[23]*On Being a Christian*, trad. do original alemão por Edward Quinn (Garden City: Doubleday, 1976), p. 300, 304.

[24]The Knowledge of the Glory of God, in: *The Tower*, ed. Harold E. Raser (Kansas City: Nazarene Theological Seminary, 1997), v. 1, p. 19.

[25]Josué e Jesus partilham o mesmo nome hebraico, *Yeshua*.

[26]The Epistle to Diognetus 7.4, in: *The Apostolic Fathers*, ed. Kirsopp Lake (Cambridge: Harvard University Press, 1970), p. 374 [publicado pela Editora Vozes, *A carta a Diogneto*].

modo totalmente novo de conceituar Deus. Jesus inaugurava, naquele momento, nada menos que a reescrita integral da teologia judaica. Não podia ser "mirabolante"; ao contrário, era extraída do profundo poço artesiano da Lei e dos Profetas. Constituía uma completa remodelação dos propósitos da graça de Deus, não só para os judeus, mas também para toda a humanidade. Era o cumprimento da antiga aliança, segundo a qual, em Abraão, "todos os povos da terra serão abençoados" (Gn 12.3). Apresentava a notícia inédita, surpreendente e absolutamente incompreensível de que Deus não é violento e quer o bem-estar de todos os seres humanos, a começar do pobre, do oprimido e do excluído.

Para reforçar o fato de que intencionalmente retificava o texto de Isaías, Jesus chama a atenção para duas pessoas pouco conhecidas, mencionadas quase que de passagem nas Escrituras hebraicas, ambas estrangeiras e idólatras (Lc 4.25-27). A lembrança de que uma viúva sidônia, adoradora de Baal, descendente de Sidom, o filho mais velho de Canaã — portanto, sob a maldição proferida por Noé —, se tornou beneficiária do milagre da graça de Deus ao receber sustento contínuo não soou bem aos ouvidos dos que ouviam a pregação de Jesus. Quanto menos queriam ser relembrados disso, principalmente porque "havia muitas viúvas em Israel no tempo de Elias", as quais, sem dúvida, também tinham perdido seus filhos. No entanto, Deus demonstrava sua compaixão irrestrita somente àquela estrangeira desprezada, ao ressuscitar-lhe o filho em resposta à súplica fervorosa de Elias (1Rs 17.22).

O Deus revelado em Jesus e testemunhado pelas Escrituras hebraicas não respeita gênero, religião nem nacionalidade e atenta com especial cuidado para as viúvas e seus filhos. Embora os sidônios fossem detestados pelos israelitas, que os teriam aniquilado se a tribo de Aser tivesse cumprido sua obrigação, ainda assim eram preciosos aos olhos de Deus e dignos de seu favor, a ponto de um deles ser alvo de seu poder miraculoso. Noé pode ter lançado maldição sobre os sidônios, mas Deus não.

Foi a gota d'água para o coração endurecido dos cidadãos de Nazaré. Eles não estavam preparados para conhecer um Deus que não equilibrava a balança da justiça com uma *avalanche* de ira destrutiva e que não guardava rancor contra os inimigos históricos de Israel. Não podiam compreender um

Deus cujo amor era sem limites, cujo cuidado se estendia a uma mulher e seu filho, naturais de uma cultura idólatra, cuja misericórdia restauradora abraçava pessoas que não podiam ser tocadas, tais como Naamã. Lucas registra que "todos os que estavam na sinagoga ficaram furiosos quando ouviram isso". Obviamente, alguma coisa tinha de ser feita com aquele filho rebelde, um blasfemo que ousara interpretar suas Escrituras Sagradas com tal liberdade. Por isso, "levantaram-se, expulsaram-no da cidade e o levaram até o topo da colina sobre a qual fora construída a cidade, a fim de atirá-lo precipício abaixo" (Lc 4.28,29).

Algo de novo estava acontecendo e colocava em perigo antigas crenças. Jesus escavou dos textos sagrados dos judeus verdades que eles não queriam encarar; extraiu dos velhos odres escriturísticos um tipo de vinho novo e divinamente inspirado; descerrou o véu que impedia sua geração de compreender o escopo generoso do amor de Deus; abriu a cortina que ocultara o *shalom*, a paz de Deus, que abrangeria não só os judeus, mas também todas as nações, até que toda a terra se enchesse da glória do Senhor (v. 2Co 3.14-18).

A objeção mais incisiva ao conceito do Deus destruidor ocorre no contexto da última viagem de Jesus a Jerusalém (Lc 9.51-56). Jesus e seus companheiros de viagem foram impedidos de se hospedar em território samaritano porque se dirigiam para Jerusalém. A animosidade histórica entre judeus e samaritanos era justificada de ambos os lados. Tiago e João, a quem Jesus anteriormente cognominara "filhos do trovão" (Mc 3.17), reagiram de maneira típica ao perguntar: "Senhor, queres que façamos cair fogo do céu para destruí-los?".

Sem dúvida, ao fazer essa pergunta, tinham em mente Sodoma e Gomorra. Concordavam em que toda a região de Samaria fosse destruída por causa do comportamento grosseiro de alguns. Pelo visto, não passou pela cabeça deles que não só pereceria a obstinada população masculina, como também mulheres, crianças e enfermos, as mesmas pessoas que Jesus viera redimir. Com essa atitude, teriam exterminado a mulher à beira do poço, que se tornou a primeira evangelista, bem como as próprias pessoas que, depois dos habitantes da Judéia, seriam as primeiras a receber as boas-novas da ressurreição de Cristo e a crer nelas e as primeiras a experimentar o derramamento do Espírito Santo depois do Pentecoste.

Jesus, além de repreender os discípulos por tal idéia, replicou: "Vocês não sabem de que espécie de espírito vocês são, pois o Filho do homem não veio para destruir a vida dos homens, mas para salvá-los" (Lc 9.55).[27] Jesus deixou muito claro que a "espécie de espírito" que exterminava pessoas era totalmente estranha ao caráter do Pai celeste. O espírito vingativo que desumaniza, despersonaliza e demoniza uma comunidade, uma cidade ou mesmo um país inteiro não procede de Deus. O Deus revelado em Jesus nunca foi e nunca será partidário de alguma espécie de genocídio, porque "Deus é amor" (1Jo 4.8). "Deus enviou o seu Filho ao mundo, não para condenar o mundo," como nos relembra João, "mas para que este fosse salvo por meio dele" (Jo 3.17).

Deus não precisa julgar antecipadamente os pecadores, pois "quem não crê já está condenado [...]. Este é o julgamento: a luz veio ao mundo, mas os homens amaram as trevas, e não a luz, porque as suas obras eram más" (Jo 3.18,19). Os que não crêem no Filho têm permissão para exercer sua liberdade moral e são deixados em seu estado natural de trevas e morte espiritual (cf. v. 36).

Isso está de acordo com a análise de Paulo: "A ira de Deus é revelada dos céus contra toda impiedade e injustiça dos homens que suprimem a verdade pela injustiça" (Rm 1.18). A frase-chave, que aparece três vezes na exposição de Paulo sobre a espiral descendente em que se encontra a humanidade rumo à depravação, é: "Deus os entregou" (v. 24,26,28). Deus retrocedeu e permitiu que o pecado desenvolvesse seu curso autodestrutivo. O amor de Deus foi conhecido como ira no momento em que os seres humanos "trocaram a verdade de Deus pela mentira" (v. 25; cf. v. 23), sujeitando-se, dessa forma, ao que Deus odeia. Em conseqüência disso, escorregaram cada vez mais para o fundo do poço da idolatria, da sensualidade, da perversão, da libertinagem e, por fim, da "morte" (6.23). Foi um destino por escolha própria.

O "destruidor" não é Deus, e sim o pecado. A morte entrou no mundo por intermédio do pecado, sendo este essencialmente autodestrutivo (Gn 2.16,17; Rm 5.12-21). Aristóteles apresenta uma analogia muito útil, ao destacar que a verdade

[27]V. nota de rodapé no texto da NVI. Essa parte do versículo 55 não consta em todos os manuscritos, apenas em alguns dos mais antigos.

é linear: independentemente de até que ponto alguém insista na verdade ou do momento e do lugar em que é abordada, ela é sempre coerente consigo mesma. A mentira, por outro lado, é circular: quanto mais corda você lhe der, mais rápido ela se enforcará. Se o pecado "curva-se sobre si mesmo", como alega Lutero, ele contém dentro de si as sementes da própria destruição. A ira de Deus "não é retaliadora" nem "vingativa", conforme declara o teólogo menonita C. Norman Kraus, mas "aponta para as conseqüências intrínsecas e objetivas do pecado na ordem criada como juízo de Deus. O exato conceito de uma criação racional implica uma ordem de existência na qual as conseqüências são inerentes às próprias ações".[28]

Deus entregou o julgamento final às mãos de Jesus (Jo 5.22,27; At 10.42; 17.30,31). Michael Lodhal assinala que Jesus é aquele que "se colocou em nossa situação e partilhou nossa realidade [...]. Jesus, o Filho divino que partilha plenamente nossa humanidade e exemplifica perfeitamente o que significa ser verdadeiramente humano, é, por isso, absolutamente qualificado para ser o Padrão ou Juiz pelo qual todos serão medidos".[29] A atitude de Deus em relação aos pecadores é mais bem identificada no modo pelo qual Jesus tratou Judas. Mesmo sabendo o que se passava no coração do discípulo e o que este pretendia fazer, Jesus amou-o até o fim. Seu amor expressou-se por meio de advertências brandas, ao considerá-lo o convidado de honra na última ceia, oferecendo-lhe a oportunidade de ser o primeiro a beber do cálice do perdão e ao dispensar-lhe no jardim da traição o tratamento de "amigo" (Mt 26.50). Judas morreu de forma violenta, não pela mão de Deus, mas pelas próprias mãos.

Um fato de importância inexaurível é o de que Jesus nunca utilizou seu poder sobrenatural para ferir, mutilar, coagir, conquistar ou destruir. Ele era a personificação do servo do Senhor, que "não gritará nem clamará, nem erguerá a voz nas ruas. Não quebrará o caniço rachado, e não apagará o pavio fumegante" (Is 42.2,3). O Deus revelado em Jesus e por meio dele não é alguém que convoque seus guerreiros "para execu-

[28]*God Our Savior: Theology in a Christological Mode* (Scottdale: Herald, 1991), p. 210-1.

[29]*The Story of God: Wesleyan Theology and Biblical Narrative* (Kansas City: Beacon Hill, 1994), p. 230.

tarem a [sua] ira" (13.3), muito menos que deseje o extermínio genocida indiscriminado de qualquer povo ou nação. Ao contrário, ele é "o Deus da paz" (Rm 15.33; Fp 4.9; Hb 13.20). Não serão os "guerreiros santos" que serão chamados "filhos de Deus", e sim "os pacificadores" (Mt 5.9).

O Deus que se revelou no AT estava furioso com os pecadores, mas não o Deus encarnado em Jesus, "porque Deus tanto amou o mundo que deu o seu Filho Unigênito, para que todo o que nele crer não pereça, mas tenha a vida eterna" (Jo 3.16). Deus não está "querendo que ninguém pereça, mas que todos cheguem ao arrependimento" (2Pe 3.9).

Quando Pedro, numa tentativa frustrada de defender o Mestre no jardim do Getsêmani, decepou a orelha do servo do sumo sacerdote, Jesus o repreendeu, dizendo: "Basta!" (Lc 22.51). Em seguida, Jesus restaurou-lhe a orelha decepada, num gesto de cura movido por sua graça. Jesus contraordenou o preceito mosaico, de forma direta, ao condenar qualquer tipo de violência na proibição: "Guarde a espada! Pois todos os que empunham a espada, pela espada morrerão" (Mt 26.52). Pedro deve ter guardado a repreensão de Jesus no fundo do coração, pois, décadas mais tarde, escreveu: "Cristo sofreu no lugar de vocês, deixando-lhes exemplo, para que sigam os seus passos. [...] Quando insultado, não revidava; quando sofria, não fazia ameaças, mas entregava-se àquele que julga com justiça" (1Pe 2.21-23).

Os primeiros cristãos tinham tanta certeza da natureza não violenta de Deus, conforme revelada em Cristo, que renunciaram a todas as formas de violência, mesmo a do serviço militar, ao longo dos três primeiros séculos de existência da Igreja. Ser discípulo de Cristo implica o compromisso de vencer "o mal com o bem" (Rm 12.21). Tertuliano declara que esse amor pelos inimigos é o "principal preceito" do cristianismo e que os "cristãos, à semelhança de seu Mestre, deveriam preferir ser mortos a matar".[30] A missão dos cristãos não era conquistar, mas converter; não era destruir, mas curar; não era recriminar, mas reconciliar — o pólo oposto da Grande Comissão de Israel, que era exterminar todos os povos na terra de Canaã. Por causa de suas convicções e por não revidarem, mul-

[30]Roland BAINTON, *Christian Attitudes Toward War and Peace: A Historical Survey and Critical Re-evaluation* (New York: Abingdon, 1960), p. 73, 76.

tidões incontáveis de cristãos foram levadas como ovelhas para o matadouro em sucessivas ondas de perseguição. Contudo, sem nenhuma outra retórica, que não o armamento do evangelho da paz, e sem nenhuma munição, exceto o amor, esses seguidores do Príncipe da Paz finalmente conquistaram Roma, seu mais perverso adversário, sem desembainhar uma espada sequer.

Quando se comparam as atividades dos israelitas, durante toda a sua longa história, com as atividades dos primeiros cristãos, fica evidente que a questão teológica e o conceito do povo acerca de Deus fazem uma enorme diferença no que se refere ao modo em que se relacionam uns com os outros e com seu mundo. É a diferença entre a violência coercitiva e destrutiva encarnada na doutrina islâmica do *jihad* e o amor não coercitivo e altruísta de Deus, que enobrece a vida, demonstrado por Jesus na cruz.

Jesus não só renunciou ao uso da violência, como também chegou ao extremo de ordenar o amor pelos inimigos. Com base na antiga aliança, a regra e a prática resumiam-se a "ame o seu próximo e odeie o seu inimigo" (Mt 5.43). "Ame o seu próximo", porém, é um mandamento das Escrituras (Lv 19.18), ao passo que "odeie o seu inimigo" não. Contudo, a história xenófoba e violenta de Israel testemunha o triste fato de que os que se encontravam além de seus limites religiosos e raciais eram considerados forasteiros, ímpios, corruptores morais, o inimigo e, por conseguinte, merecedores de um ódio sem limites.

Em contraposição a uma história sangrenta saturada de violência, tida como iniciada e sancionada por Deus, Jesus propôs um novo mandamento, que era surpreendente e radical: "Amem os seus inimigos e orem por aqueles que os perseguem" (Mt 5.44). Nesse pronunciamento sem precedentes, Jesus declarou algo que nenhum profeta ou sacerdote havia expressado. Sua ética amorosa entrava em confronto direto com os mandamentos genocidas de Moisés, os quais afirmavam reiteradamente aversão ao inimigo.

Em que Jesus se baseou para ordenar um mandamento impossível, impraticável, que não constava nas Escrituras? Sua resposta bombástica foi: "Para que vocês venham a ser filhos de seu Pai que está nos céus. Porque ele faz raiar o seu sol sobre maus e bons e derrama chuva sobre justos e injustos. [...] Portanto, sejam perfeitos [no amor aos inimigos] como perfeito [no amor aos inimigos] é o Pai celestial de vocês" (Mt 5.45-48). Jesus apresentou um modo inteiramente novo de enxergar a Deus. Deus não odeia os pecadores nem despreza os estrangeiros, muito menos deseja seu extermínio. Ele os ama com amor ilimitado, incondicional e sacrifical. Ele concede, em sua graça, o "sol" da vida e a "chuva" de seu favor sobre justos e injustos, sobre os que o amam e sobre os que o odeiam. O amor de Deus é "perfeito", ou seja, é totalmente abrangente, completo, vivificante, sustentador, sublimador e comprobatório a toda a raça humana. Refletindo o coração criador e redentor de Deus, Jesus declara: "Eu vim para que tenham vida, e a tenham plenamente" (Jo 10.10).

Se nosso Deus é semelhante a Cristo, podemos afirmar categoricamente que Deus não é destruidor. A morte não é parte da criação original de Deus, pois não mais haverá "morte, nem tristeza, nem choro, nem dor" na nova criação (Ap 21.4). Deus não se envolve em violência, seja punitiva, seja redentora, seja sagrada. Violência e morte são conseqüências intrínsecas à violação da ordem criada por Deus. São obra de Satanás, pois este foi "homicida desde o princípio" (Jo 8.44). Deus não utiliza a morte de maneira proativa, como instrumento de juízo, uma vez que a morte é um inimigo, o "último inimigo a ser destruído" por Cristo (1Co 15.20-28). Deus não faz acordos com o inimigo.

O ponto mais marcante da descontinuidade entre o AT e o NT evidencia-se nas atitudes inteiramente distintas de ambos para com as crianças. Moisés não faz nenhuma exceção com relação às mulheres e às crianças ao ordenar: "Destruirão totalmente [os cananeus]" (Dt 7.2; cf. v. 16). O narrador da conquista de Jericó registra friamente que os israelitas "consagraram a cidade ao Senhor, destruindo ao fio da espada homens, mulheres, jovens, velhos, bois, ovelhas e jumentos; todos os seres vivos que nela havia" (Js 6.21). Uma súmula típica dos relatos que descrevem o momento seguinte ao extermínio sistemático da população civil das cidades conquistadas por Josué menciona que ele não deixou "sobrevivente algum. Exterminou tudo o que respirava, conforme o Senhor, o Deus de Israel, tinha ordenado" (10.40). A ordem de genocídio dada por Samuel ao rei Saul "para destruição [de] tudo" o que pertencia aos amalequitas incluía, clara e especificamente, "mulheres, crianças, recém-nascidos..." (1Sm 15.3).

Jesus não agiu assim! Seus discípulos perguntaram: "Quem é o maior no Reino dos céus?". Jesus respondeu da seguinte maneira: "Chamando uma criança, colocou-a no meio deles". Para Jesus, a criança é a tipificação das pessoas que "entrarão no Reino dos céus". O modo pelo qual alguém trata uma criança é diretamente proporcional ao modo pelo qual a mesma pessoa trata Jesus, pois "quem recebe uma destas crianças em meu nome, está me recebendo". Jesus dirigiu sua denúncia mais forte contra aquele que, de alguma forma, causar dano a uma criança: "Melhor lhe seria amarrar uma pedra de moinho no pescoço e se afogar nas profundezas do mar" (Mt 18.1-6). Se, por um lado, Moisés, Josué, Samuel e Herodes, o Grande, exterminaram crianças, Jesus, por outro lado, as abençoou, dizendo: "O Reino dos céus pertence aos que são semelhantes a elas" (19.14).

Elie Wiesel, o escritor e sobrevivente do Holocausto que ganhou o Prêmio Nobel da Paz, oferece-nos um relato aterrador, escrito na primeira pessoa, do que pode muito bem ter sido semelhante à destruição genocida das crianças cananéias. Wiesel descreve sua sofrida experiência sobre o que testemunhou aos 16 anos de idade, após desembarcar de um vagão de trem para transporte de gado e marchar para o interior do campo de prisioneiros de Auschwitz:

> Não muito longe de nós, labaredas subiam de um fosso, chamas gigantescas. Eles estavam queimando alguma coisa. Um caminhão aproximou-se da entrada da vala e descarregou o que trazia — criancinhas. Bebês! Sim, eu vi — vi com os meus próprios olhos... aquelas crianças nas chamas! (Causaria surpresa se eu dissesse que não pude mais dormir depois disso? Fugiu-me o sono, e não pude mais pregar os olhos.)
>
> Nunca mais vou me esquecer daquela noite, a primeira no campo, que transformou minha vida numa longa noite, sete vezes mais maldita, sete vezes mais marcada. Nunca mais vou me esquecer daquela fumaça. Nunca mais vou me esquecer do rostinho das crianças, cujos corpos vi transformar-se em bolsões de fuligem na fumaça que subia sob o silencioso azul do céu.[31]

Será que podemos imaginar Jesus na direção daquele caminhão, a manobrá-lo e a controlar a alavanca da carroceria

[31] *Night*, trad. S. Rodway (New York: Hearst, 1960), p. 42-3.

para esvaziá-la, descarregando criancinhas e bebês vivos dentro de um fosso em chamas? Será que conseguimos imaginar o Deus revelado plena e definitivamente em Jesus ordenando a execução de crianças e bebês? Em alguma época? Em algum lugar? Por alguma razão?

ALÉM DA DESCONTINUIDADE

Poucos teólogos têm trabalhado tão rigorosamente com base na pressuposição da inerrância de "*toda* a Escritura" quanto o teólogo da Igreja Reformada da Holanda A. van de Beek. No livro *Why? On Suffering, Guilt, and God* [Por quê? Sobre sofrimento, culpa e Deus], ele considera o texto recebido do AT e do NT a representação das palavras literais de Deus. Dessa forma, todas as distinções entre os Testamentos são eliminadas, e as diferentes situações históricas, perspectivas e personalidades dos mediadores humanos da auto-revelação de Deus nada mais significam. Nesse caso, todas as partes da Bíblia têm o mesmo valor revelatório, e, por força da necessidade, o autor precisa retratar Deus não só como bom e fiel, mas também como instável, imprevisível, irracional e, até mesmo, mau. "O modo de agir de Deus não corresponde aos nossos padrões de bem e mal [...]. Deus é duro, severo e até mesmo cruel aos nossos olhos [...]. Deus não é um ser que se possa entender. Ele segue majestosamente um caminho próprio [...] tanto o bem quanto o mal procedem de sua vontade".[32] Van de Beek argumenta que é necessário aprender a conviver com o fato de que "quanto mais alguém permite que as Escrituras falem por si mesmas [...] mais obscura a Bíblia se torna. Quanto mais cremos que toda a Palavra é revelação, menos conhecemos quem é Deus".[33]

Se a descrição de Deus feita por Van de Beek for encarada como normativa — e é fiel à leitura literal do texto —, de que maneira podemos considerar Jesus a encarnação da Divindade, já que ele não só falhou em personificar a imagem do Deus guerreiro — do qual "procedem tanto o bem quanto o mal" — que habitava a mente de Israel, como também revelou justamente o oposto? Em que sentido ainda se pode alegar que o

[32]*Why? On Suffering, Guilt, and God*, trad. John Vriend (Grand Rapids: Eerdmans, 1990), p. 274-8.

[33]Ibidem, p. 278.

Pai e o Filho partilham a mesma natureza em essência? Será que esse ponto de vista não estabelece uma lacuna entre Deus Pai e Deus Filho? Será que não abala a divindade de Jesus e fragmenta a doutrina histórica da Trindade? Ao perceber que o leitor poderia ficar frustrado com o que parece ser a hermenêutica do "niilismo teológico", Van de Beek admite: "Talvez pudéssemos restringir a revelação a certos acontecimentos no mundo. Poderíamos restringi-la a certos textos das Escrituras. Mas, nesse caso, qual seria o critério para nossa seleção?".[34]

John Wesley responderia na hora: "Jesus!". Como revelação perfeita e definitiva de Deus, Jesus é "o critério" de avaliação das Escrituras, a lente por meio da qual as Escrituras hebraicas devem ser lidas. Mildred Bangs Wynkoop condensa em "cápsulas" a hermenêutica cristológica de Wesley ao declarar: "O amor *é* a mensagem do evangelho. O amor cristão, *revelado por Deus em Cristo* [...], põe-se contra qualquer teoria humana sobre a natureza de Deus e seu modo de agir com o homem [...] o amor como revelado em Cristo" (grifo do autor).[35] "É bom que você seja totalmente sensível a isso", asseverou Wesley. "O céu dos céus é amor. Não há nada mais elevado na religião: na realidade, não há mais nada além disso."[36]

Se utilizarmos o amor revelado por Deus em Cristo como critério para a interpretação das Escrituras, a "tensão entre os textos" pode ser transcendida. Para utilizar a expressão pitoresca de G. K. Chesterton, os "opostos furiosos", refletidos em tantas áreas de descontinuidade entre os Testamentos, entrarão em harmonia e unidade em Jesus, o mesmo Jesus que parece fragmentá-los e distanciá-los.[37] Isso fica claro pelo uso que Jesus faz das Escrituras hebraicas, as quais interpreta à luz de sua compreensão pessoal. Ele irritou seus opositores judeus ao afirmar que as Escrituras existiam primordialmente para testemunhar a seu respeito e disse aos fariseus: "Vocês estudam cuidadosamente as Escrituras, porque pensam que nelas vocês têm a vida eterna. E são as Escrituras que testemunham a meu respeito. [...] Se vocês cressem em Moisés, creriam em mim,

[34]Ibidem.

[35]*A Theology of Love*, p. 18.

[36]Op. cit., v. 9, p. 430.

[37] Apud Philip Yancey, Living with Furious Opposites, in: *The Best Christian Writing, 2001*, ed. John Wilson (San Francisco: HarperCollins, 2001), p. 323.

pois ele escreveu a meu respeito" (Jo 5.39,46). O Cristo ressuscitado, quando se juntou aos dois discípulos pesarosos no caminho para Emaús, perguntou: "Não devia o Cristo sofrer estas coisas, para entrar na sua glória? E começando por Moisés e todos os profetas, explicou-lhes o que constava a respeito dele em todas as Escrituras" (Lc 24.26,27).

Ainda que tenha confirmado as Escrituras hebraicas como a autêntica Palavra de Deus, Jesus não lhes endossou todas as palavras como procedentes de Deus. Ele rejeitou alguns textos da Torá como expressão da intenção e vontade originais de Deus, a exemplo das leis mosaicas referentes ao divórcio (Mc 10.4-9). Ele substituiu as leis mosaicas acerca da vingança por sua nova ética de resistência ativa e não violenta, que se traduz na expressão "vençam o mal com o bem" (Mt 5.38-42; Rm 12.21). Seu mandamento "amem os seus inimigos" (Mt 5.44) demonstra total repúdio às ordens genocidas de Moisés e qualifica-se como um critério de julgamento da campanha de limpeza étnica comandada por Josué. Em seu pronunciamento de absolvição da mulher flagrada em adultério, Jesus infringiu as injunções claras da Torá, que requeria a pena de morte para os adúlteros (Jo 8.1-11; v. Lv 20.10; Dt 22.22). Fica evidente que Jesus exerceu uma audaciosa autoridade profética sobre a Torá e o modo pelo qual esta deveria ser interpretada.

Embora Jesus não tenha vindo "abolir a Lei ou os Profetas" (Mt 5.17), na série de seis antíteses que imediatamente seguem a formulação — "Vocês ouviram o que foi dito [...]. Mas eu lhes digo..." (5.21,27,31,33,38,43) — é notório que seu jeito de cumpri-las passava por uma remodelação de acordo com a lei do amor (Mt 22.34-40). O pronunciamento "eu lhes digo" ocorre 32 vezes em Mateus. Como observa William Greathouse, tratava-se de "um aspecto singular da palavra pessoal e autorizada de Jesus, tanto na confirmação quanto na relativização da Lei".[38]

Uma enorme mudança ocorreu, muito espontaneamente e sem nenhuma deliberação formal, nas primeiras pressuposições da Igreja no que tange aos aspectos da revelação divina e da autoridade das Escrituras. Embora os cristãos da igreja

[38] *Wholeness in Christ: Toward a Biblical Theology of Holyness* (Kansas City: Beacon Hill, 1998), p. 182.

primitiva continuassem a pregar, a ensinar e a citar as Escrituras hebraicas como a Palavra de Deus, faziam-no com o principal intuito de provar que Jesus, de fato, era o Messias de Deus prometido havia muito tempo. Uma vez que a Palavra se fez carne em Jesus, eles liam e interpretavam as Escrituras por intermédio da lente de Cristo, iluminados pelo "Espírito da verdade" (Jo 14.17). O marco referencial da revelação divina na era da nova aliança não seria mais a Palavra de Deus mediada por Moisés, mas a Palavra de Deus mediada por Jesus.

Essa alteração hermenêutica foi tão radical e ofensiva para os judeus que não criam em Jesus que o acossaram até a cruz, apedrejaram Estêvão enquanto o acusavam de proferir "palavras blasfemas contra Moisés e contra Deus" (At 6.11), atacaram Paulo até o fim de sua vida. Ironicamente, os apóstolos nunca se viram como pregadores de "palavras blasfemas contra Moisés". Ao contrário, eles alicerçaram as boas-novas de Jesus em "Moisés e todos os profetas", seguindo o próprio exemplo do Cristo ressuscitado em sua conversa com os dois discípulos no caminho de Emaús (Lc 24.27). Contudo, os judeus puderam perceber nitidamente que, ao ler a Torá e os Profetas pelo prisma da pessoa e da obra de Cristo, os apóstolos deslocavam o centro de gravidade da autoridade revelatória de modo fundamental.

Os judeus do primeiro século, bem como os judeus ortodoxos da atualidade, foram triplamente afrontados: os cristãos co-adotaram as Escrituras sagradas deles, no que tem sido considerado a maior posse coletiva da História; em seguida, rotularam-nas "antigas"; finalmente, desprezaram passagens importantes, considerando-as irrelevantes para sua fé e sua vida. Foi exatamente essa substituição que impeliu os judeus a expulsar do judaísmo a comunidade cristã nascente, ruptura que persiste até os dias de hoje.

A prioridade e a finalidade de Jesus como personificação do amor de Deus — conseqüentemente, aquele por meio do qual as Escrituras devem ser lidas — estão patentes na exposição que Wesley faz do Sermão do Monte:

> Que autoridade ele tem no ensino! *Não* como Moisés, o servo de Deus; *não* como Abraão, seu amigo; *não* como algum dos profetas; *não* como qualquer dos filhos dos homens. É algo mais que humano; além do que corresponda a qualquer ser criado. Aponta para o

> Criador de tudo! Um Deus, um Deus se manifesta! Sim, o "Eu Sou", o Ser dos seres, o auto-existente, o Supremo, o Deus acima de todas as coisas, bendito para todo o sempre![39]

A hermenêutica cristológica de Wesley concentra-se sobretudo na exposição do texto freqüentemente citado para provar que Jesus aceitou a autoridade de cada elemento das Escrituras hebraicas: "Não pensem que vim abolir a Lei ou os Profetas; não vim abolir, mas cumprir" (Mt 5.17). Wesley chama a atenção para o fato de que, quando veio para a "lei ritual ou cerimonial [...] que continha todas as injunções e ordenanças relacionadas com os antigos sacrifícios e o culto no templo, nosso Senhor sem dúvida veio para *destruir, anular e abolir por completo*. Disso dão testemunho todos os apóstolos" (grifo do autor). Todavia, acrescenta Wesley, "a lei moral, contida nos Dez Mandamentos e ratificada pelos Profetas, ele não a revogou".[40]

Dizer que Jesus veio "para destruir, anular e abolir por completo" longas partes da Torá é, de fato, uma afirmação muito forte. Entretanto, Wesley afirma que era exatamente nisso que as testemunhas do NT acreditavam que Jesus fizera. Em seu comentário do versículo seguinte — "de forma alguma desaparecerá da Lei a menor letra ou o menor traço, até que tudo se cumpra" (Mt 5.18) —, Wesley fez uma transposição da "letra da Lei" para a palavra de Jesus: "A palavra dele é uma palavra de autoridade, expressando a vontade e o poder soberanos daquele que fala; dele, cuja palavra é a lei do céu e da terra, a qual permanece para todo o sempre".[41] O senhorio de Jesus estende-se sobre todo o cosmo, da criação à consumação — bem como sobre as Escrituras hebraicas. Como Filho de Deus preexistente e, hoje, como a Palavra viva ressuscitada e glorificada, Jesus é *a* Palavra para aqueles que se unem a ele.

Evangélicos das mais diferentes convicções teológicas admitem que, apesar do poder da violência divinamente iniciada e sancionada no AT, não há fundamento no NT para a concepção de um Deus que deseje a matança indiscriminada de seres humanos, muito menos que se agrade de povos con-

[39]Op. cit., v. 5 p. 250-1.
[40]Ibidem, p. 311.
[41]Ibidem, p. 313.

quistados a ele oferecidos como *ḥerem*, ou seja, sacrifícios humanos. Colin Chapman, em sua análise da "Guerra santa", observa que "os escritores do NT nunca entenderam a conquista militar como um meio de expansão da causa de Deus. Ao contrário, acreditavam na difusão pacífica das boas-novas de Cristo".[42] Se cremos que Jesus realmente é "a imagem do Deus invisível" (Cl 1.15), temos de resistir a qualquer tentativa de defender as ordens genocidas do AT como expressão da vontade e do caráter de Deus. Uma vez que Jesus já veio, não temos obrigação de justificar o que não pode ser justificado e só pode ser descrito como anterior a Cristo, inferior a Cristo e contrário a Cristo.

Contudo, a despeito de serem tão repugnantes quanto problemáticos, esses textos fazem parte do cânon das Escrituras Sagradas que a Igreja recebeu e não podem ser descartados, ainda que, na prática, ela tenha feito exatamente isso. Os textos genocidas foram amplamente utilizados na liturgia, na pregação e na leitura bíblica. Todavia, no momento de analisá-los, vários expositores, desde Orígenes, no século III, até Duane L. Christensen, nos dias atuais, fizeram uma incisão na parte mais superficial da narrativa literal-histórica, a fim de desvendar o cerne da verdade espiritual nela contida.

Segundo Joseph T. Lienhard, Orígenes, o primeiro a elaborar um comentário completo das Escrituras hebraicas, estava convencido de "que todo o Antigo Testamento é uma profecia referente a Cristo e acerca de tudo o que ele significa e que Cristo é a chave para a compreensão do Antigo Testamento [...]. Graças à interpretação espiritual, a igreja libertou-se do judaísmo, sem ter de rejeitar o Antigo Testamento".[43] Fazendo uso de alegoria, analogia e tipologia, Orígenes foi capaz de encontrar testemunho que evidenciava a Cristo — e assim edificação espiritual — praticamente em cada capítulo e versículo do AT, até mesmo nos textos que violavam os ensinamentos de Jesus e a completa sensibilidade humana, tais como os que ordenavam o genocídio.

[42]Holy War. *Zondervan Handbook to the Bible* (Grand Rapids: Zondervan, 1999), p. 230.

[43]Origen and the Crisis of the Old Testament in the Early Church, in: *The Best Christian Writing, 2001*, cit., p. 182.

Embora muitas vezes essa "interpretação espiritual" seja amplamente criticada pelo subjetivismo e pelos vôos desvairados da imaginação, os exegetas ainda a utilizam ao tentar extrair algo de valor espiritual de textos bíblicos obviamente não-cristãos. Por exemplo, Duane Christensen, em sua exposição de Deuteronômio 7.1,2, admite que "o conceito de 'guerra santa' é repugnante para o leitor moderno, pois sugere a barbárie das Cruzadas nos tempos medievais, ou o *jihad* dos fundamentalistas islâmicos". Após declarar categoricamente que a guerra é "má em sua essência", Christensen de imediato faz uma transição da expressa ordem de Moisés para destruir "totalmente [os cananeus]" para "os princípios teológicos e psicológicos implicados nesse texto".[44] Ele vê as cenas de batalha narradas minuciosamente em Josué como uma metáfora da guerra espiritual. "O texto trata dessa batalha espiritual. Para entrar na terra prometida, deve-se confiar em Deus, a fim de derrotar as forças do mal [...]. Quando travamos combate com o inimigo, temos de estar constantemente atentos para o fato de que Deus é quem luta a nosso favor".[45]

Outra maneira de lidar com a descontinuidade entre os Testamentos é utilizar a insígnia da "revelação progressiva" ou "dispensacionalismo". Percebemos esse desdobramento nas próprias Escrituras hebraicas no que se refere aos sacrifícios. Enquanto longos trechos da Torá se dedicam às prescrições divinas para a realização minuciosa dos sacrifícios, Isaías protesta em nome de Deus: " 'Para que me oferecem tantos sacrifícios?', pergunta o SENHOR. 'Para mim, chega de holocaustos de carneiros e da gordura de novilhos gordos. Não tenho nenhum prazer no sangue de novilhos, de cordeiros e de bodes!' " (Is 1.11).

Essa perspectiva reconhece que Deus ajustou sua auto-revelação às limitações da compreensão humana e do contexto histórico. Calvino pergunta:

> Quem não entende, mesmo aqueles de menor inteligência, que Deus, até certo ponto, está acostumado a balbuciar as palavras de modo infantil em sua comunicação conosco, como fazem geralmente as babás com os nenês? Portanto, tais formas de comunica-

[44] *Deuteronomy* (WBC; Dallas: Word, 1991), p. 32.
[45] Ibidem.

ção, ao ajustar o conhecimento dele à nossa insignificante capacidade, não expressam com muita clareza a semelhança de Deus.[46]

Colin Chapman declara:

> O que testemunhamos nas páginas da Bíblia é o processo gradativo pelo qual Deus opera na história de um povo para o qual a guerra era parte essencial da religião e da cultura. Ao fazer isso, Deus transforma esses conceitos, a fim de capacitar toda a humanidade a entender mais claramente a natureza do mundo em que vivemos.[47]

Seria mais adequado conceituar esse desenvolvimento como a *compreensão* progressiva da auto-revelação de Deus. O problema de conceitos parciais ou mesmo distorcidos sobre Deus no AT nunca existiu da parte de Deus, e sim da parte dos mediadores humanos dessa revelação. Foi a "insignificante capacidade" destes, conforme ressalta Calvino, que limitou sua capacidade de compreender a plenitude do caráter e da natureza de Deus, a qual viria à luz somente em Cristo. À medida que receberam mais esclarecimento, houve uma correspondente mudança em seu conceito de Deus.

Em 2Samuel 24.1, por exemplo, lemos: "Irou-se o SENHOR contra Israel e incitou Davi contra o povo, levando-o a fazer um censo de Israel e de Judá". Curiosamente, quando Davi obedeceu à Palavra do Senhor, "sentiu remorso e disse ao SENHOR: 'Pequei gravemente com o que fiz!' " (v. 10). A ordem divina torna-se ainda mais inexplicável quando lemos que "o SENHOR enviou uma praga sobre Israel" pela qual "morreram setenta mil" (v. 15).

Entretanto, o cronista pós-exílico resolveu essa discrepância clamorosa por meio de uma pequena, mas significativa, emenda ao texto: "*Satanás* levantou-se contra Israel e levou Davi a fazer um recenseamento do povo" (1Cr 21.1; grifo do autor). É óbvio que ocorreu um importante desenvolvimento na compreensão do papel de Deus nesse frustrante recenseamento. Os judeus haviam começado a projetar alguns dos

[46]*Institutes of the Christian Religion*, 1.13.1, apud Jack B. ROGERS & Donald K. MCKIM, *The Authority and Interpretation of the Bible* (San Francisco: Harper & Row, 1979), p. 108. [Original francês.]

[47]Op. cit., p. 234.

atributos mais sombrios de Javé sobre um ser antidivino, Satanás. Pode-se perceber mais claramente esse desenvolvimento no livro de Jó. Não foi Deus o causador daqueles desastres que sobrevieram ao justo Jó, como ele e seus consoladores acreditavam, e sim Satanás.

Em 1990, pouco tempo depois que o telescópio espacial Hubble foi lançado, acreditou-se que o projeto fora um desperdício de 5 bilhões de dólares. Em vez de enviar fotos nítidas e bem definidas dos céus, as imagens enviadas à Terra eram manchadas, distorcidas e praticamente inúteis. O telescópio simplesmente não focalizava de forma adequada. O problema foi descoberto e estava no principal espelho refletor de luz — instalado com extrema precisão, só que de forma errada. Uma investigação demorada atribuiu o fracasso a um erro simples, primário. Um técnico havia montado o equipamento que orientava o processo de polimento do espelho com um pino fixado ao contrário. O defeito era tão insignificante que tinha de ser calculado em milésimos; no entanto, foi suficiente para praticamente arruinar a missão do telescópio. Tudo isso custou três anos cruciais vendo o tempo passar e 7 milhões de dólares para que um dispositivo complexo de espelhos corretivos fosse projetado, produzido, colocado em órbita e instalado por astronautas na mais intrincada manobra espacial já realizada.[48]

Não havia nada de errado com a luz revelatória que, desde o princípio, encheu os céus e a terra com a glória de Deus, mas havia algo terrivelmente equivocado na capacidade de reflexão luminosa da humanidade decaída. Por causa de entendimentos obscurecidos e de corações endurecidos, em conseqüência da maldição do pecado, a glória de Deus mediada na antiga aliança enfraquecera-se a ponto de se deteriorar e se transformar naquilo que Paulo denomina "o ministério que trouxe condenação" ou mesmo "o ministério que trouxe a morte" (2Co 3.7-9).

Jesus veio abrir a cortina para nos deixar ver a beleza da face de Deus, "cheio de graça e de verdade" (Jo 1.14). Antes que nos pudesse reconciliar com Deus, ele tinha de nos apresentar um Pai celestial amoroso com o qual quiséssemos estar reconciliados: um Deus que é *por nós*, e não *contra nós*; um

[48] *Time Magazine* (Nov. 20, 1995), p. 90-9.

Deus de amor e graça que, em troca, pode ser amado. Jesus veio remover de nossos olhos a catarata causada pelo pecado, perfurar a noite de nossas distorções sombrias e fazernos ver a "glória de Deus na face de Cristo" (2Co 4.6).

Temos urgência em acrescentar que os mediadores da autorevelação de Deus à luz da antiga aliança falavam a verdade da maneira em que a entendiam. Que sua compreensão da "verdade" era imperfeita fica evidente no modo pelo qual a ordem de genocídio era limitada e na maneira pela qual continuou a sofrer mudanças. A ordem divina de destruir "totalmente" aplicava-se apenas aos povos que habitavam a terra de Canaã, não às "cidades distantes que não pertencem às nações vizinhas" (Dt 20.10-17).

A ordem original de não deixar "vivo nenhum ser que respira" (Dt 20.16), até mesmo animais, foi conscientemente executada no saque a Jericó. A derrota subseqüente de Israel diante dos defensores de Ai e a severidade com a qual trataram o caso do pecado de Acã destacam o modo pelo qual levaram a sério a ordem recebida. Entretanto, da conquista de Ai em diante, apenas os povos conquistados eram destruídos, não os animais e bens pessoais: "Israel se apossou dos animais e dos despojos daquela cidade, conforme a ordem que o Senhor tinha dado a Josué" (Js 8.24-27). Visto que os "animais" e os "despojos" tinham valor para eles, a extensão da ordem de Deus para aniquilar tudo foi convenientemente moderada. Essa alteração revelava uma inversão de valores demonstrada pelos israelitas naqueles dias: Animais eram muito mais valorizados do que seres humanos.

Mais curioso ainda é que Josué, em seu acordo precipitado com os gibeonitas, não foi repreendido por ter transgredido a ordem expressa de Deus para que "eliminasse todos os seus habitantes [os cananeus]" (Js 9.24), nem Israel sofreu derrotas no campo de batalha por causa dessa desobediência direta. Acã pereceu em decorrência de seu pecado e desobediência, mas Josué não. Pode ser que Deus tenha mudado de idéia quanto à sua vontade genocida. No entanto, é mais provável que a percepção de Josué a respeito do que Deus lhe ordenara tenha sofrido mudanças de acordo com as exigências do momento.

Atribuir a Deus a ordem de exterminar os cananeus em parte pode ser explicado pelo fato de os israelitas, antes do exílio babilônico, não terem nenhum conceito formado acerca de Satanás. Por conseguinte, tudo — vida e morte, doença e saúde, bênção e maldição — era interpretado como procedente das mãos do Senhor soberano (v. Dt 28; 32.39-42; Sl 44.1-19; Is 13.9-16). Além disso, os israelitas criam que os cananeus estavam sob uma antiga maldição pronunciada por Noé (v. Gn 9.24-27). Em virtude de os cananeus serem pessoas idólatras e moralmente corrompidas, bem como de terem tomado posse da terra antes de ser prometida aos patriarcas, é compreensível a maneira pela qual os israelitas tenham interpretado a ordem divina de ocupar a terra de modo violento e, até mesmo, genocida. Dessa forma, agiram de boa-fé com relação ao que acreditavam ser a vontade de Deus. O relato registra com clareza que Deus honrou a obediência. O que Deus requeria à luz da antiga aliança é o mesmo que requer na atualidade: em vez de uma compreensão perfeita, um perfeito coração obediente.

Não há dúvida de que ocorreu uma transformação radical no entendimento do caráter de Deus e da santidade de toda a vida humana no período compreendido entre os dias do primeiro Josué e os dias do segundo Josué (i.e., Jesus). Nada menos que uma passagem do pressuposto de que Deus odeia os inimigos e deseja sua destruição para a convicção de que "Deus tanto amou [os inimigos] que deu o seu Filho Unigênito" (Jo 3.16). Assim como os comentaristas wesleyanos Jack Ford e Alex R. G. Deasley demonstram em seu comentário de Deuteronômio 7.1,2:

> Relacionar essas ordens [de genocídio] com a guerra de hoje consiste num erro crasso de aplicação das Escrituras. Não pode haver dúvida de que Paulo, armado com o evangelho cristão e capacitado pelo Espírito Santo, teria entrado em Canaã para demonstrar o triunfo de Deus sobre o mal em vidas transformadas, assim como fez em Corinto.[49]

Isso sugere uma questão crucial relativa à inspiração e à autoridade do AT. Se Moisés e Josué entenderam mal os propósitos de Deus e sua vontade na conquista de Canaã, quais seriam, então, as partes da auto-revelação de Deus dignas de confiança? O assunto é discutível quando perguntamos o

[49]*Beacon Bible Commentary* (Kansas City: Beacon Hill, 1969), p. 539-40.

mesmo a todos os que não se sentem obrigados a permanecer fiéis às leis veterotestamentárias que regulam a adoração no sábado, o ritual de circuncisão, os sacrifícios de animais, a carne de porco na alimentação, a cobrança de juros e a pena de morte para adúlteros e para os que "recolhem lenha" no sábado. Quando cristãos que crêem na Bíblia são desafiados a justificar a razão pela qual rejeitam "como verdade para hoje" um grupo enorme de mandamentos divinos do AT, até o mais renomado dos literalistas bíblicos responderia: "Porque não estamos mais vivendo na antiga aliança, e sim na nova aliança". Exatamente!

O que sugerimos é que se estenda esse princípio cristológico de interpretação bíblica, empregado praticamente por todos os evangélicos, aos textos de violência, incompatíveis com a natureza e o caráter de Deus como revelados em Jesus. O diferencial entre o cristão e o judeu, pelo menos em parte, é exatamente essa orientação cristocêntrica para com as Escrituras hebraicas. Ao contrário de Marcião, que tentou descartar completamente o AT, os cristãos, desde os tempos apostólicos até o presente, recorrem ao seu testemunho comprobatório e de refutação com toda a seriedade, visto que "são as Escrituras que testemunham a [...] respeito [de Jesus]" (Jo 5.39). Contudo, simultaneamente, elas afirmam que a plena e definitiva auto-revelação da verdadeira natureza e caráter de Deus deve ser "escrita não com tinta, mas com o Espírito do Deus vivo, não em tábuas de pedra, mas em tábuas de corações humanos" (2Co 3.3). O propósito central e final das "Sagradas Letras", alega Paulo em outro contexto, é "torná-lo sábio para a salvação mediante a fé em Cristo Jesus" (2Tm 3.15).

Nossa autoridade final, não apenas em matéria de fé e de salvação, mas também na determinação da autêntica natureza e caráter de Deus, é Jesus, a respeito de quem as Escrituras dão testemunho fiel e verdadeiro. Calvino ensinou: "Somente para Cristo [...] a fé deve olhar [...]. Esse [...] é o correto olhar da fé, olhos fitos em Cristo".[50] John Stott lembra que "nossa convicção cristã é a de que a Bíblia tem autoridade e relevância [...] e que o segredo de ambas é Jesus Cristo".[51] Em vez de

[50]*Commentary on John 14:1* (Calvin Translation Society; CO, 47:64d). Apud ROGERS & MCKIM, op. cit., p. 107.

[51]The Quotable Stott, *Christianity Today* (Apr. 2, 2001), p. 64.

pecadores exterminados, crianças cortadas em pedaços e viúvas estupradas no dia do Senhor, "dia cruel, com ira e grande furor", conforme a visão de Isaías (Is 13.9-16), Deus em Cristo foi violentamente capturado, espancado e crucificado. Em vez de destruir pecadores, Deus permitiu a si mesmo, na pessoa de seu Filho, ser assassinado *pelas mãos* dos pecadores e *a favor* dos pecadores naquela cruz. "Deus tornou pecado por nós aquele que não tinha pecado, para que nele nos tornássemos justiça de Deus" (2Co 5.21).

Para Wesley, a essência e o âmago do caráter de Deus, encarnado em Jesus de Nazaré, é o amor prolífico do tipo *agapē*, que é a perfeita antítese da violência genocida, seja esta de que espécie for. Trata-se de um amor que vê cada pessoa como um ser escolhido, formado à imagem do próprio Deus e imbuído de seu Espírito vivificante. Trata-se de um amor que julga as pessoas dignas do supremo ato de sacrifício divino, a ponto de entregar "o seu Filho Unigênito" (Jo 3.16). A santidade da vida humana, estabelecida na Criação, reafirmada depois do Dilúvio e codificada no sexto mandamento, alcança sua mais alta expressão e sua declaração definitiva na encarnação de Cristo. Alice McDermott destaca acertadamente que "o incrível conceito de Deus feito carne [...] mudando para sempre o destino da humanidade [...] logicamente não pode ser preservado se uma vida sequer [for] descartável [...]. Se a vida de qualquer pessoa pode ser tratada como insignificante, o mesmo pode ocorrer com a vida de Cristo".[52]

Elie Wiesel relembra uma cena comovente que se deu quando ele e centenas de outros judeus ficaram aquartelados por três dias em Gleiwitz, Polônia. Eles foram forçados a entrar num alojamento tão apertado que muitos foram asfixiados pela massa de corpos humanos que abruptamente lhes interceptava alguma fonte de ar. Embolado no meio dos corpos, havia um rapaz judeu de Varsóvia, já bastante debilitado, de nome Juliek. Por incrível que pareça, Juliek havia conseguido agarrar seu violino, em meio às tempestades de neve, ao longo da marcha forçada rumo a Gleiwitz. Naquela noite, espremido entre humanos mortos e vivos à beira da asfixia, Juliek desvencilhou-se e começou a tocar um trecho da obra de Beethoven.

[52]Confessions of a Reluctant Catholic, in: *The Best Christian Writing, 2001*, cit., p. 201.

Os sons eram singelos, extraordinários, estranhos para um ambiente daqueles. Wiesel recorda:

> Estava escuro como breu. Eu só conseguia ouvir o violino, e era como se a alma de Juliek fosse o arco. Ele tocava a própria vida. Toda a sua vida deslizava sobre as cordas — suas esperanças perdidas, seu passado carbonizado, seu futuro extinto. Ele tocou como se soubesse que nunca mais voltaria a tocar.
>
> Jamais me esquecerei de Juliek. Como poderia me esquecer daquele concerto apresentado a uma platéia de homens mortos e quase mortos? Até hoje, sempre que ouço alguma música de Beethoven, meus olhos se fecham, e surge da escuridão o rosto pálido e triste de meu amigo polonês, dando o último adeus, nas cordas de seu violino, a um público de homens moribundos.
>
> Não sei por quanto tempo ele tocou. Fui vencido pelo sono. Quando acordei, à luz do dia, pude ver Juliek, de frente para mim, encurvado, morto. Perto dele, o violino, despedaçado, pisoteado, um estranho cadáver esmagado.[53]

Onde estava Deus quando Israel conquistou Canaã pela prática do genocídio? Nas "esperanças perdidas", no "passado carbonizado", no "futuro extinto" dos bebês, dos recém-nascidos, das criancinhas — todos os "Julieks" de Canaã. Estava em pessoas como Melquisedeque, "sacerdote do Deus Altíssimo" (Gn 14.18), e Raabe, que poderiam ter glorificado a Deus se tivessem tido a oportunidade.

[53]Op. cit., p. 107-8.

Réplica do ponto de vista da

DESCONTINUIDADE MODERADA

a C. S. Cowles

Eugene H. Merrill

Quero inicialmente elogiar o professor Cowles pela maneira clara, inteligível e racional com que apresentou seu ponto de vista. Baseado em suas premissas, ele construiu uma argumentação que enfrenta todas as questões com uma persuasão que desarma. Contudo, é exatamente nessas premissas que o argumento fracassa e suscita muita preocupação. Ele concentra sua argumentação em torno de quatro questões ou tensões fundamentais, todas caracterizadas pelo conceito que aparece no título do trabalho, o da *descontinuidade radical*. As questões ou tensões fundamentais são as seguintes: 1) a oposição do NT ao AT; 2) a diferença entre o Deus do NT e o Deus do AT; 3) sua hermenêutica cristocêntrica; 4) o AT na qualidade de revelação permanente.

O NOVO TESTAMENTO *VERSUS* O ANTIGO TESTAMENTO

Embora reconheça o AT como Escritura cristã, Cowles faz a surpreendente declaração de que "sua mensagem não é, por si mesma, de conteúdo cristão" (numa citação da obra de John Bright, *The Authority of Scripture*). Com esse comentário, ele abre as portas para o que, de fato, pode ser interpretado como uma descanonização de três quartos da Bíblia.

Cowles, em particular, menciona "a violência iniciada e sancionada" por Deus como um exemplo inicial da descontinuidade radical entre os Testamentos. Ele acertadamente salienta que há, na realidade, certo grau de supersessionismo (ou substitucionismo) evidente na transição entre a antiga e a nova alianças, o qual é atestado pelo próprio NT (p. ex., Mt 7.12; Jo 1.17; Hb 1.4-14). Contudo, ele extrapola na questão ao interpretar, por exemplo, a ordem de Jesus para que Pedro guardasse a espada (Mt 26.52; Lc 22.51) como uma proibição a "qualquer tipo de violência", em revogação direta do mandamento mosaico. É claro que Jesus não tinha em mente o *ḥerem* ou a guerra santa nesse contexto, muito menos usava o incidente como um meio de refutar o uso veterotestamentário da violência. Ele simplesmente queria deixar claro que era submisso à vontade do Pai e que nenhum passo deveria ser dado com o intento de subvertê-la.[1] Em última análise, para Cowles, somente o que Jesus referendou no AT continua a ser a Palavra de Deus para a Igreja. As implicações dessa opinião acerca da relação entre o AT e o NT serão analisadas mais detalhadamente a seguir.

O DEUS DO NOVO TESTAMENTO *VERSUS* O DEUS DO ANTIGO TESTAMENTO

Apresentar o assunto como exposto anteriormente é o mesmo que falar em termos bultmannianos. Cowles, porém, provoca esse tipo de cisão ao perguntar: "Como harmonizar o Deus guerreiro de Israel e o Deus de amor encarnado em Jesus?". Que esse não é um mero recurso retórico utilizado para levar a uma reflexão profunda sobre o assunto, fica claro no decorrer da análise. Ele afirma que surgem "dificuldades insuperáveis à teologia, à ética e à práxis cristãs" quando se tenta atribuir essas atrocidades, a exemplo da guerra santa, "à verdadeira intenção e vontade de Deus". Conforme veremos, Cowles procura resolver o dilema sugerindo que Deus, na realidade, jamais autorizou tal plano de ação, mas que houve apenas uma interpretação equivocada de sua vontade. Contudo, isso suscita um sério questionamento sobre a credibilidade do testemunho do AT.

Cowles cita a obra de Walter Wink, *Engaging the Powers*, sugerindo que "em face dessa concepção de Deus [guerreiro], a revolta do ateísmo é um ato de pura devoção religiosa". Ele prossegue, agora com palavras próprias: "Atribuir a Deus a violência de um genocídio é contaminar a nascente de seus

[1]Darrell L. Bock, *Luke*, 2 v. (Grand Rapids: Baker, 1996), v. 2, p. 1.771.

demais atributos". Devemos chegar à conclusão de que o Deus do AT é cruel ou admitir que os escritores sagrados não entenderam nada sobre a pessoa dele. Cowles rejeita claramente a primeira opção; todavia, fica numa situação ainda pior. Se realmente o Deus de Israel parece um tirano insensível e sanguinário por sancionar o genocídio, é possível concluir que ele seja considerado assim, caso se interprete o AT segundo a exegese normal. Mas se existe outro modo de entender a guerra santa, além do proposto por Cowles, essas formas repugnantes de descrever o ser de Deus são inválidas. Na verdade, devem ser abominadas.

A distinção entre "dois deuses" aparece também na afirmação de Cowles de que "Deus não é como o primeiro Josué, um guerreiro, e sim como o segundo, o Príncipe da Paz". Essa declaração, além de não levar em consideração os textos que retratam Javé como guerreiro (p. ex., Êx 15.3), também menospreza descrições escatológicas desse mesmo Príncipe da Paz como aquele que "julga e guerreia com justiça", "vestido com um manto tingido de sangue", de cuja boca "sai uma espada afiada, com a qual ferirá as nações" (Ap 19.11-15).

Ainda mais pesada é sua advertência de que os cristãos não devem mais definir Deus como o "Deus de Abraão, o Deus de Isaque, o Deus de Jacó" (Êx 3.6), e sim como o "Pai de nosso Senhor Jesus Cristo, Pai das misericórdias e Deus de toda consolação" (2Co 1.3). Contudo, o próprio Jesus cita o mesmo texto do AT para definir Deus da seguinte maneira: "Ele não é Deus de mortos, mas de vivos!" (Mt 22.32). Pedro faz uma correlação ainda mais clara ao dizer: "O Deus de Abraão, de Isaque e de Jacó, o Deus dos nossos antepassados, glorificou seu servo Jesus" (At 3.13; v. 7.32). Nem Jesus nem Pedro admitem qualquer distinção entre o Deus de Israel e o Deus da Igreja.

Cowles, de acordo com sua hermenêutica cristocêntrica, vê o Deus do AT como aquele que deve ser entendido à luz de Cristo e conclui: "O Deus revelado em Jesus nunca foi e nunca será partidário de qualquer espécie de genocídio, porque 'Deus é amor' (1Jo 4.8)". Essa interpretação ou admite a existência de dois deuses ou exige uma ampla releitura dos textos do AT que explicitamente atribuem a Deus o genocídio (p. ex., Nm 21.2; Dt 2.34; 3.6; 7.2; 13.15; Js 6.21). Ao prever a resposta de que Deus julga o pecado e os pecadores, sentenciando-os à destruição e à morte, Cowles propõe um conceito comumente adotado para livrar Deus desse ônus, a saber, que o pecado contém a semente da própria destruição, de modo que Deus não tenha de ser responsabilizado pelo sofrimento e pela morte dos pecadores no inferno. Violência e morte "são obra de Satanás". Ele, em seguida, conclui que "não há fundamento no NT para a concepção de um Deus que deseje a matança indiscriminada de seres humanos". Isso, obviamente, não leva em consideração passagens escatológicas e tacitamente relega o AT a uma autoridade subcanônica.

HERMENÊUTICA CRISTOCÊNTRICA

Do começo ao fim de seu ensaio, Cowles insiste em dizer que Cristo é a lente hermenêutica e teológica através da qual o AT deve ser lido. Numa afirmação bombástica e clara, ele sugere que "no NT, não é Deus que define quem é Jesus. Ao contrário, é Jesus que dá a definição de quem é Deus". Embora haja um pouco de verdade nessa afirmação, ele prossegue sua argumentação alegando que Jesus reinterpretou o Deus do AT, bem como seu modo de agir, cortando "editorialmente" as alusões embaraçosas ao aspecto colérico do caráter divino. Cita, por exemplo, o sermão de Jesus proferido em Nazaré, durante o qual ele eliminou "a frase profética de maior culminância", que mencionava "o dia da vingança do nosso Deus" (Is 61.1,2; Lc 4.18,19). Entretanto, Jesus assim o fez não porque quisesse menosprezar essa faceta temível da natureza de Deus, mas porque inaugurava o dia das boas-novas, não das más notícias.[2] Ele não se esquivou de falar sobre juízo em ocasiões mais oportunas (p. ex., Mt 10.15; 11.22-24; Jo 5.22; 2Co 5.10; Ap 14.7).

Numa escala mais ampla, Cowles sugere que "se utilizarmos o amor revelado por Deus em Cristo como critério para a interpretação das Escrituras, a 'tensão entre os textos' [do AT e do NT] pode ser transcendida". Assim, a exegese comum histórico-gramatical do AT deve ser interrompida temporariamente no ponto em que textos agressivos forem o alvo do estudo. Se forem insuficientes para a concepção que temos do amor de Deus, então eles precisam ser radicalmente reinterpretados. Esse subjetivismo metodológico é extremamente inquietante e perigoso.

[2]Robert H. Stein, *Luke* (NAC 24; Nashville: Broadman, 1992), p. 157.

Uma declaração mais perturbadora ainda é a seguinte: "Ainda que tenha confirmado as Escrituras hebraicas como a autêntica Palavra de Deus, Jesus não lhes endossou todas as palavras como procedentes de Deus". A inferência é clara como água — algumas partes do AT são palavras de homens, e outras, palavras de Deus. Supõe-se que cada intérprete decida por si mesmo quais palavras são de origem humana e quais palavras são de origem divina. Contudo, esses dispositivos hermenêuticos somente são necessários quando não se quer pensar em textos, a exemplo dos que se referem ao "genocídio", como conteúdo de valor revelatório. Se esses dispositivos forem aplicados de maneira lógica, pode-se eviscerar o AT de qualquer ética subcristã. É isso o que Cowles, de fato, está pronto a fazer quando alega que o mandamento de Jesus — "amem os seus inimigos" (Mt 5.44) — "demonstra total repúdio às ordens genocidas de Moisés [sic] e qualifica-se como um critério de julgamento da campanha de limpeza étnica comandada por Josué". Se as palavras de Moisés foram apenas palavras de Moisés, podem muito bem ser reprovadas. Contudo, quando a narrativa afirma: "O SENHOR disse a Moisés [...] 'Você fará com ele [Ogue] o que fez com Seom [i.e., Moisés o exterminou]' " (Nm 31.34), o próprio Deus tem de ser incriminado sob a dura acusação de "limpeza étnica".

Falar de hermenêutica cristocêntrica, então, é usar uma linguagem que não está em sintonia com a própria compreensão que Jesus tinha do AT nem com a maneira em que o utilizava. Além disso, se Jesus é o critério pelo qual a autoridade e o significado da Bíblia devem ser julgados, até que ponto podemos confiar nessa mesma Bíblia como um testemunho fiel daquilo que nosso Senhor disse e fez? Declarar que só o NT proporciona um testemunho fidedigno corresponde a relegar o AT a uma obsolescência semelhante à de Marcião.

O ANTIGO TESTAMENTO COMO REVELAÇÃO PERMANENTE

Já observamos os limites traçados por Cowles entre o AT e o NT, bem como entre o Deus do AT e o Deus do NT. Por meio de uma hermenêutica cristocêntrica, ele põe em dúvida o AT como revelação — ou, no mínimo, muda o sentido do termo "revelação" de maneira alarmantemente enganosa. As citações a seguir deixam isso muito claro.

Em primeiro lugar, ao mencionar que a história do AT está "saturada de violência", Cowles propõe que ela era "*tida* como iniciada e sancionada por Deus" (grifo do autor). Conclui-se, com base nessa afirmação, que tal violência de modo algum era incentivada por Deus, mas que esse ímpeto originava-se no ser humano. Em seguida, como se uma idéia pudesse ser mais dissonante, ele recorre a um método de exegese posto em prática durante toda a história da Igreja no tratamento de problemas como esse, a saber, pressupor que os escritores dos textos sagrados empregavam linguagem figurada, como a alegoria, por exemplo. Cowles, ao citar o comentário de Deuteronômio escrito por Duane Christensen, interpreta as façanhas de Josué na guerra santa como "uma metáfora da guerra espiritual". Em outras palavras, sugere que nunca houve confronto militar histórico com aquelas nações e que Deus nunca planejou que houvesse confronto. O abuso no uso de alegorias mal fundamentadas é bem conhecido na história da interpretação. Apelar para esse recurso no caso em questão é retroceder a um método de exegese já abandonado pela maioria dos eruditos da atualidade.

Em segundo lugar, Cowles sugere que outra maneira de fugir ao dilema é entender o princípio da "*compreensão* progressiva da auto-revelação de Deus" (grifo do autor original). Segundo essa proposição, ele não quer dizer exatamente revelação progressiva. Ao contrário, segundo Cowles, à medida que os pensadores do AT se sucederam ao longo dos séculos, chegaram à conclusão de quão equivocados estavam seus antepassados e, por conseguinte, perceberam a necessidade de corrigi-los no que tange a uma fé e a uma prática mais agradáveis.

Cowles cita como exemplo o texto de 2Samuel 24.1, que afirma que Deus incitou Davi a fazer um inconcebível censo de Israel, e a interpretação muito posterior desse episódio, registrada em 1Crônicas 21.1, que atribui o ato pecaminoso a Satanás. Assim, o AT torna-se autocorretivo até atingir sua perfeição moral e teológica no NT. Contudo, Cowles insinua que não se deve ser severo com os escritores do AT, porque eles "falavam a verdade da maneira em que a entendiam". No que se refere à aniquilação dos cananeus pela mão divina, o ônus desse fato na literatura mais antiga do AT deve recair somente sobre Deus, porque, de acordo com Cowles, "os israelitas, antes do exílio babilônico, não tinham nenhum conceito formado acerca de Satanás".

Como demonstra a presente análise, o argumento do professor Cowles em defesa da descontinuidade radical é sustentado não pelo reconhecimento sensível do princípio da revelação progressiva, o qual prevê diferenças de pontos de vista entre o AT e o NT acerca de assuntos como genocídio, mas por uma cisão entre os Testamentos que nega a realidade de que o Deus de Israel é o Deus da Igreja — ou, na melhor das hipóteses, desmerece o AT como revelação autêntica do caráter e do propósito de Deus. É pouco provável que essa explicação seja convincente, pelo menos para os que acreditam ser toda a Bíblia uma palavra fidedigna que procede de Deus.

Réplica do ponto de vista da

CONTINUIDADE ESCATOLÓGICA

a C. S. Cowles

Daniel L. Gard

Se ficou claro, em minhas duas outras réplicas, que me situo na "continuidade espiritual", ao lado de Tremper Longman, e na "descontinuidade moderada", com Eugene Merrill, no assunto em questão certamente me encontro na "descontinuidade radical", ao lado de C. S. Cowles. Apesar das consideráveis discordâncias de pensamento entre mim e Cowles, sinto-me na obrigação de dizer que sua abordagem é reconfortante e honesta, uma vez que expõe sua posição com uma clareza incomum. Infelizmente, a posição que ele assume não nos leva a uma perspectiva de Deus e das Escrituras que realmente responda à questão suscitada pelos textos do AT.

Cowles declara que "se utilizarmos o amor revelado por Deus em Cristo como critério para a interpretação das Escrituras, a 'tensão entre os textos' pode ser transcendida". Sem dúvida, concordo que Cristo é a chave para a interpretação da Bíblia, tanto do AT quanto do NT. Contudo, não me acho em condições de concordar que "a tensão entre os textos" possa ser prontamente transcendida ou superada. Há várias razões pelas quais digo isso.

1. Ou "toda a Escritura é inspirada por Deus e útil para o ensino, para a repreensão, para a correção e para a instrução na justiça" (2Tm 3.16), ou não é. Essa é uma posição hermenêutica fundamental, que dá forma ao método pelo qual se entende um texto bíblico, seja ele qual for, mesmo aqueles que nos põem em situação incômoda. O próprio Cowles cita as palavras de

Jesus em Mateus 5.17: "Não pensem que vim abolir a Lei ou os Profetas; não vim abolir, mas cumprir". Embora Cowles esteja correto em assinalar que Jesus freqüentemente usa a formulação "Vocês ouviram o que foi dito [...]. Mas eu lhes digo..." e que "seu jeito de cumpri-las passava por uma remodelação de acordo com a lei do amor", isso de maneira alguma significa repúdio às Escrituras do AT. O que foi escrito está escrito, seja confiável, seja falso. Jesus lidava com as Escrituras de modo tal que nunca as contradizia. Ao contrário, explicava-as de acordo com o sentido original.

2. Cowles reduz radicalmente o AT a uma literatura cujo valor pode e deve variar de acordo com os padrões impostos por nossa escolha. Nisso, usa de muita clareza ao dizer: "Se cremos que Jesus realmente é 'a imagem do Deus invisível' (Cl 1.15), temos de resistir a qualquer tentativa de defender as ordens genocidas do AT como expressão da vontade e do caráter de Deus. Uma vez que Jesus já veio, não temos obrigação de justificar o que não pode ser justificado e só pode ser descrito como *anterior a Cristo, inferior a Cristo e contrário a Cristo*" (grifo do autor). Nesse caso, o próprio Jesus estava errado quando fez questão de dizer que as Escrituras (i.e., o AT) falavam dele.

Se a metodologia de Cowles fosse adotada de maneira coerente, a Escritura seria uma mera porção de argila, que poderia ser moldada e manipulada até se transformar em qualquer coisa que o leitor desejasse. Não existiriam absolutos acerca de Deus, nem sobre a encarnação do Filho, nem mesmo quanto à salvação da raça humana.

3. Parece que Cowles vê o AT como uma simples coletânea de escritos religiosos que refletem o modo segundo o qual pensadores religiosos entenderam Deus em determinados momentos da história de Israel. Por exemplo, não concordo de maneira nenhuma que "os israelitas, antes do exílio babilônico, não tinham nenhum conceito formado acerca de Satanás". Já em Gênesis 3 encontramos uma referência a um ser maligno, a quem os escritores mais tarde chamam de Satanás (v. Jó 1 e 2). Em seu comentário de 2Samuel 24 e 1Crônicas 21, Cowles registra corretamente que o cronista atribui a culpa do censo de Israel a Satanás, não a Javé, instigando Davi a fazer um recenseamento do povo. Todavia, usar isso do modo que Cowles faz é um erro crasso de percepção da natureza da obra do

cronista. Ao longo de sua obra, o cronista proporciona uma interpretação teológica da história de Israel baseada no texto de Samuel—Reis. O cronista entende Javé como o Senhor da História, que utiliza todas as coisas para cumprir seus propósitos. Até mesmo Satanás está sujeito ao controle de Deus e se tornou o instrumento de Javé na concretização do recenseamento.

Para alguns, essa interpretação da história do cronista talvez não seja satisfatória; ao contrário, talvez seja tomada como mais uma evidência do caráter humano do relato bíblico. Trata-se novamente de uma questão de pressuposição. Será que a Bíblia, com todos os seus autores humanos (seja Moisés, seja o cronista, seja Paulo), é inspirada por Deus, a ponto de suas palavras serem de fato palavras de Deus? Asseguro que sim! Portanto, rejeito fundamentalmente não só a interpretação que Cowles faz de Crônicas, como também sua repetida declaração de que certos textos refletem a opinião de um ser humano — como Moisés — e de que esses textos são invalidados pelas palavras proferidas por Jesus. Em minha opinião, a palavra de Moisés tem o mesmo valor que a palavra registrada de Jesus na qualidade de Palavra de Deus. Uma não triunfa sobre a outra.

4. Por fim, até onde Cowles nos leva na reflexão sobre Deus? Ele desperta a importante questão da descrição de Deus, proposta por Van de Beek, de que "tanto o bem quanto o mal procedem de sua vontade". Cowles justificadamente questiona Van de Beek, mas oferece uma solução para o problema que acredito ser menos proveitosa ainda.

Assim como Cowles, também rejeito a noção proposta por Van de Beek de que o bem e o mal procedem da vontade de Deus. Nenhum mal pode ser atribuído a Deus, porque Deus, em sua essência, é bom. O mal só pode ser imputado à humanidade em sua condição decaída e à concomitante rebelião da criatura contra o bondoso e gracioso Criador. Até mesmo os cristãos, apesar do relacionamento de paz com Deus, restaurado por intermédio de Cristo, vivem sob os efeitos do pecado. Nosso corpo envelhece e sofre, convivemos com os resultados do pecado em tudo ao nosso redor, fracassamos miseravelmente em obedecer aos estatutos e mandamentos do Senhor, e nossa mente é incapaz de compreender com exatidão o que vem a ser o sumo "bem". Não nos podemos colocar na posição de juízes do que Deus disse ou fez, como se tivéssemos, em nossas limitações, discernimento e sabedoria para julgar os atos de Deus.

Essa é a razão pela qual não podemos marginalizar nenhum texto das Escrituras, nem mesmo os que apresentam questões intelectuais insuperáveis para nós. Não temos o direito de escolher, dentre os textos bíblicos, aqueles que aceitamos como procedentes de Deus e que, portanto, refletem sua vontade e suas palavras. Aquilo que parece à mente humana serem atos "maus" de Deus (como a ordem que levou ao genocídio contra os cananeus), na realidade de modo nenhum são atos "maus", uma vez que procedem do próprio Senhor. Chega o momento em que a razão humana simplesmente se prostra diante do divino e reconhece que os caminhos dele não são os nossos caminhos e que seus pensamentos são realmente mais altos que os nossos pensamentos (v. Is 55.8,9).

Gostei muito da maneira pela qual Cowles descreveu o Filho encarnado como aquele cujas palavras trazem coisas boas a este mundo de trevas, guerra e morte. Entretanto, preciso propor a seguinte questão: "Será que os textos escatológicos do NT relativos a Jesus não acabam com a divisão que Cowles faz entre o Deus no AT e o Deus no NT?". É verdade que Jesus não veio como guerreiro. Seu ministério terreno não envolveu nenhuma iniciativa destruidora contra alguém que o ameaçasse. Até mesmo na cruz, ele orou pelos que o crucificaram. Na face de Cristo, podemos ver a face de Deus, cheia de esperança, vida e perdão, voltada para este mundo decaído.

Todavia, outras páginas do NT retratam o mesmo Jesus como aquele que voltará, não em pobreza e humildade, mas em glória e poder. Ele não virá como aquele que traz o caminho da salvação. Ao contrário, voltará como o justo Juiz para pronunciar o veredicto final sobre vivos e mortos — e um violento juízo está preparado para os que o rejeitaram. As batalhas sangrentas no AT, comparadas ao juízo que culminará na completa destruição dos céus, da terra e de todos os que permaneceram em inimizade contra Deus, parecerão histórias de ninar. E isso procede do mesmo Jesus que até hoje profere palavras de paz e convida todos a virem a ele enquanto durar este tempo de salvação. Contudo, no dia do juízo, esse convite será encerrado, e ocorrerá uma destruição como nunca antes foi vista no Universo.

O Deus apresentado no AT é exatamente o mesmo apresentado no NT. Ele se revelou por intermédio dos profetas e dos apóstolos e, de forma mais especial, na vida, morte e ressurreição de seu Filho Jesus. Ao longo de toda a História, desde Adão até o último dia, Deus estende sua graça e misericórdia a este mundo. O fato de alguns, sejam os antigos cananeus, sejam os filhos de Adão que ainda irão nascer, rejeitarem sua graça e enfrentarem o *ḥerem* divino não contradiz o amor que é a essência de Deus. Em vez disso, essa realidade leva-nos a admirar a maravilhosa graça de Deus para conosco, em que cremos, e reconhecer que todos os seus caminhos e pensamentos são mais elevados que os nossos.

Embora tenha criticado o ponto de vista de C. S. Cowles, quero agradecer-lhe, neste último comentário, a explanação honesta e clara de sua posição. Ele desafiou a mentalidade irrefletida de seres humanos que procuram infligir eles próprios o *ḥerem* aos outros.

Réplica do ponto de vista da

CONTINUIDADE ESPIRITUAL

a C. S. Cowles

Tremper Longman III

O dr. Cowles escreveu um ensaio claro e solidamente postulado em defesa do ponto de vista da descontinuidade radical. Ele interpreta bem as passagens das Escrituras que entende propícias ao seu argumento e escreve com grande paixão, o que está em sintonia com o tema e que demonstra seu amor a Cristo e aos seres humanos criados por Deus.

Há importantes argumentos com os quais estou significativamente de acordo, e isso pode ser verificado comparando-se o ensaio do dr. Cowles com o meu. Em primeiro lugar, creio firmemente, assim como ele, que Jesus Cristo é o centro da revelação escriturística. Como Agostinho salienta: "O Novo Testamento está oculto no Antigo, e o Antigo é revelado no Novo". O texto de Lucas 24.25-27,44-48, citado por Cowles, é determinante para essa posição, pois nessa passagem o próprio Jesus afirma que todo o AT prediz seu sofrimento e glorificação. Nesse ponto, Cowles e eu concordamos num assunto que nos coloca entre a minoria dos exegetas evangélicos. A maioria dos eruditos da Bíblia na atualidade afirma que é um erro ler o AT à luz do NT. Para eles, isso distorce a singularidade do testemunho do AT. Em contraposição, nós cremos ser de total importância que os cristãos, em última análise, leiam o AT à luz da surpreendente conclusão em Cristo.[1]

[1]V. meu livro *Reading the Bible with Heart and Mind* (Colorado Springs: NavPress, 1997).

Entretanto, apesar de concordarmos em linhas gerais, logo fica claro que discordamos quanto ao significado dessa verdade para a leitura e compreensão do AT. Antes de prosseguir em nossa discordância, porém, permita-me assinalar outra posição semelhante. Cowles e eu concordamos plenamente quanto ao fato de que os textos do AT referentes à guerra santa de maneira alguma são justificativas para que o cristão, na atualidade, se envolva em guerras ou em violência de qualquer natureza. De novo, destaco que chegamos a essa posição comum por caminhos diferentes (v. meu ensaio para mais detalhes sobre esse argumento). Todavia, trata-se de um ponto de concordância considerável.[2] Os cristãos jamais deveriam pegar em armas em nome de Cristo.

O ponto em que discordamos — e aqui a discordância é gritante — corresponde à perspectiva que temos do cânon. Cowles na realidade rejeita a autoridade e a confiabilidade do AT. Na essência de seu argumento, Cristo desbanca o AT. Pela ótica de Cowles, temos de ler o AT através do prisma proporcionado por Cristo, e, se houver qualquer disparidade entre as palavras de Cristo e o AT, questiona-se a confiabilidade do AT.

É absolutamente verdadeiro que uma transformação radical aconteceu com a vinda de Cristo, de forma que posso concordar com determinadas citações, como, por exemplo, a que Cowles faz de Brueggemann no sentido de que "a articulação teológica do Antigo Testamento não serve de base para o estabelecimento da fé da Igreja".[3] Seus comentários, porém, vão muito além disso. Por exemplo, ao interagir com o teólogo reformado A. van de Beek, descreve-o de modo depreciativo por considerar "o texto recebido do AT e do NT a representação das palavras literais de Deus [...]. Nesse caso, todas as partes da Bíblia têm o mesmo valor revelatório". Em seguida, ele faz questão de dizer que Van de Beek, por conseguinte, se vê obrigado a descrever Deus como "mau".

Van de Beek, no entanto, nunca declarou que Deus é mau. O que ele afirma, na verdade, é que Deus talvez seja cruel *aos*

[2]No entanto, isso não me levou a uma posição pacifista ao defender meu ponto de vista, pois creio existirem outros argumentos bíblicos a favor da guerra justa, especialmente aquele fundamentado na doutrina da defesa própria.

[3]Apud Walter Brueggemann, *Theology of the Old Testament* (Minneapolis: Fortress, 1997), p. 107.

nossos olhos e *mau aos nossos olhos* — e a questão é exatamente essa. A percepção humana é distorcida e equivocada. Van de Beek por certo afirmaria que Deus, por definição, é bom e que seus atos, por definição, são bons. É Deus, e não o ser humano, quem define o que é bom. Não existe uma perspectiva imparcial e com perfeita isenção pela qual nós, humanos, possamos fazer juízo sobre a pessoa de Deus. A essa altura, Cowles discordaria e diria: "Existe, sim: Jesus!", e eu concordaria. Mas logo em seguida constataríamos que de fato a revelação de Jesus no NT não é menos violenta que a revelação de Deus no AT. Em outras palavras, a linha divisória que Cowles traça entre Cristo e o AT é um erro. Não há descontinuidade entre os Testamentos nesse ponto.

Antes de tratar desse assunto, entretanto, talvez eu deva dar maior ênfase à minha afirmação de que Cowles avilta a autoridade do AT. O baixo conceito que ele tem do AT pode ser percebido nas entrelinhas de declarações como esta: "A objeção mais incisiva ao conceito do Deus destruidor ocorre no contexto da última viagem de Jesus a Jerusalém". Isso também fica subentendido em seus comentários sobre a suposta injustiça de Deus ao ordenar a destruição dos cananeus, como se vê em seu evidente apoio ao pensamento de Wesley e Wink de que "os genocídios ordenados por Moisés fazem da justiça de Deus um escárnio, para não falar de sua santidade e de seu amor".

Em objeção ao ponto de vista de Cowles, chamo a atenção para o fato de que o AT não só às vezes descreve Deus como destruidor, como também o retrata como aquele que comandava a destruição e incitava os israelitas a executá-la. E, quando estes não cumpriam suas ordens, o mesmo AT mostra-nos Deus castigando Israel. Dizer que o NT critica esse retrato de Deus apresentado no AT é, na realidade, dizer que o AT não tem valor canônico. Sua posição coloca a Escritura contra a Escritura.

Todavia, para sermos justos, é verdade que Cowles em lugar algum declara que o AT não seja Escritura Sagrada. Ele afirma que o NT transforma os odres velhos do AT em odres novos. Ele não adota explicitamente uma posição marcionista, porém as implicações de muitos de seus comentários sugerem isso.

Em certo sentido, vejo Cowles seguindo pelo caminho mais cômodo: uma linha de pensamento que simplesmente rejeita a idéia da inerrância e infalibilidade de *toda* a Escritura, apoiada em passagens bíblicas que, em sua opinião, estão de acordo com a visão que ele tem de Jesus. Nesse ponto, enuncio a seguinte consideração final: a descrição que Cowles nos oferece acerca de Jesus, por meio da qual ele contempla e avalia o AT, é seletiva. Parece-me que ele evita as passagens do Apocalipse referentes aos juízos e ao Guerreiro divino, bem como as demais passagens apocalípticas do NT. Somos levados a perguntar: "Por quê?". Afinal de contas, quando o tema em questão é Deus e a violência, os textos apocalípticos obviamente são relevantes. Cowles, porém, não faz menção direta ao livro de Apocalipse nem revela o motivo de sua omissão a essa parte tão vasta e importante do NT.

Dessa forma, somos deixados no campo das especulações. Entretanto, pelo que Cowles escreveu até aqui, parece óbvio que ele reserva aos textos apocalípticos do NT, como são tradicionalmente interpretados, o mesmo tratamento que dispensa às passagens veterotestamentárias referentes à guerra santa, ou seja, considera-os inaceitáveis diante de seu conceito particular de Deus. Como demonstro em meu ensaio, o NT, considerado em sua totalidade, é tão violento e sangrento quanto o AT — provavelmente até mais.[4]

Não conheço Cowles pessoalmente, mas seu ensaio deixa transparecer que ele não aceita a Bíblia em sua totalidade — a propósito, a mesma Bíblia que Jesus reconheceu como autêntica em seu conteúdo integral.[5] Espero que ele, no afã de defender sua posição, tenha afirmado coisas que me fugiram à compreensão. Li e reli seu ensaio diversas vezes, porém fiquei com a mesma impressão já mencionada.

Como tento demonstrar em meu ensaio, o método de macular o AT, usado por Cowles, não é o único caminho para lidar com o fato óbvio de que em Jesus a revelação sofre uma transformação radical, uma intensificação e uma progressão.

[4]Cowles também tece um curioso comentário ao declarar: "Um fato de importância inexaurível é o de que Jesus nunca utilizou seu poder sobrenatural para ferir, mutilar, coagir, conquistar ou destruir". É provável que não; mas ele usou sua força humana para açoitar e expulsar os cambistas do templo — talvez Cowles pense que isso tenha sido apenas uma ameaça. Ainda assim, foi uma ameaça significativamente violenta.

[5]Para compreender melhor a concepção de Jesus sobre o cânon, v. R. Beckwith, *The Old Testament Canon in the New Testament Church* (London: SPCK, 1985). O comentário de Cowles: "Ainda que tenha confirmado as Escrituras hebraicas como a autêntica Palavra de Deus, Jesus não lhes endossou todas as palavras como procedentes de Deus", é desconcertante, na minha opinião. Afinal, o que é a Palavra de Deus senão palavras de Deus?

1

O ponto de vista da

DESCONTINUIDADE RADICAL

C. S. COWLES

2

O ponto de vista da

DESCONTINUIDADE MODERADA

EUGENE H. MERRILL

3

O ponto de vista da

CONTINUIDADE ESCATOLÓGICA

DANIEL L. GARD

4

O ponto de vista da

CONTINUIDADE ESPIRITUAL

TREMPER LONGMAN III

O ponto de vista da

DESCONTINUIDADE MODERADA

EUGENE H. MERRILL

Um dos fatores mais preocupantes da realidade humana reside no fato de que os historiadores geralmente relatam o passado balizando-o pelos conflitos.[1] O registro histórico divide-se em períodos demarcados por essa ou aquela guerra, de modo que as épocas de paz parecem acidentais ao escopo da narrativa. Essa preocupação se justifica porque a guerra não só acarreta terríveis conseqüências, como também exerce por natureza um fascínio macabro sobre a psique humana. As pessoas são ao mesmo tempo atraídas e repelidas pela guerra, como a mídia sensacionalista pode muito bem comprovar. Entre os *best-sellers* das editoras e os campeões de bilheteria da indústria cinematográfica de Hollywood estão as recriações vívidas de carnificinas decorrentes da hostilidade, quer no âmbito pessoal, quer na esfera internacional.

A destruição do World Trade Center, em 11 de setembro de 2001, aumentou ainda mais o grau de consciência da população americana quanto à realidade e aos efeitos da guerra, mais que qualquer outra coisa desde Pearl Harbor, Normandia e Hiroshima. A imagem das aeronaves de linhas aéreas convencionais seqüestradas e em rota de colisão com as torres imponentes, das pessoas que na tentativa de fugir à incineração saltavam do alto do prédio para a morte e do desmoronamento estrondoso de milhões de toneladas de madeira, concreto

[1]Peter C. CRAIGIE, *The Problem of War in the Old Testament* (Grand Rapids: Eerdmans, 1978), p. 9.

e aço ficou gravada de forma indelével nos brios do povo americano. Além disso, restaram as perguntas: "Como isso pôde acontecer? Quem são os responsáveis? De que maneira os culpados podem ser encontrados e punidos?". E a mais embaraçosa e dolorosa delas: "Onde Deus estava e por que deixou que isso acontecesse?".

As pessoas mais propensas a raciocinar pela perspectiva teísta perguntam-se como um Deus de amor pôde permitir ou mesmo autorizar uma onda de acontecimentos tão cruel e devastadora. Afinal, eram pessoas inocentes — homens, mulheres e crianças, vivos ou mortos — que não fizeram nada além de chegar para mais um dia de trabalho ou de se despedir dos que saíam de casa para trabalhar. Será que foi fruto do acaso? Ou de uma decisão arbitrária? Ou teria sido parte de um grande e inescrutável plano orquestrado por um Deus onisciente e onipotente que, por meio desse ato, deixou à mostra outras facetas de seu caráter e de sua personalidade, facetas que vão além da graça, da misericórdia e da compaixão normalmente associadas a ele?

Os leitores do AT que se dedicam a uma reflexão mais profunda sobre o procedimento de Deus para com povos e nações dos tempos antigos já propuseram essas e outras questões, pois a narrativa bíblica, desde Adão até o cronista, está banhada em sangue, com assassinatos e guerras.[2] Na verdade, esses problemas são mencionados nos próprios anais da história sagrada, especialmente nos textos poéticos e de sabedoria. Os pensadores de Israel incessantemente ponderam sobre o modo de agir de Deus e se engajam numa luta inglória a fim de harmonizar seu conceito de um Deus benigno com a realidade cotidiana da vida marcada por doença, dor, guerra e morte. A teodicéia, um dos principais temas teológicos nesses escritos, enfrenta a polaridade aparentemente irreconciliável do terno amor de Deus e de sua terrível ira. Para expressar isso de forma mais simples e popular, a questão é: "Por que o justo sofre?". Para falar numa linguagem mais teológica, seria: "Como os meios pelos quais Deus age podem ser explica-

[2]Ben C. OLLENBURGER, Introdução, in: Gerhard VON RAD, *Holy War in Ancient Israel*, ed. trad. Marva J. DAWN (Grand Rapids: Eerdmans, 1991), p. 3, ao comentar as observações de Wellhausen sobre o assunto.

dos de modo satisfatório à compreensão humana, se é que existe a possibilidade de isso acontecer?".[3]

O moderno estudo do texto do AT revela que o problema da teodicéia em nenhum lugar é mais intenso que na análise da chamada "guerra santa", agora descrita de modo mais geral e correto como "guerra de Javé".[4] Nesse conceito, a prática do genocídio, isto é, a matança indiscriminada de homens, mulheres e crianças, era comum e utilizada com freqüência contra os cananeus e outros povos nativos da Palestina. Em raras ocasiões, os próprios israelitas eram alvo da chacina.

Deus começou o processo escolhendo os povos que seriam destinados à destruição, autorizando um agente — geralmente Israel, seu povo escolhido — para executá-los e garantindo o sucesso no término da operação, desde que as devidas condições fossem cumpridas. O objetivo deste estudo é identificar o que diferencia a guerra de Javé das demais guerras, determinar seus traços distintivos, procurar justificá-la à luz do caráter integral de Deus e definir até que ponto esse conceito tem ou não sua continuidade no NT e se aplica à vida moderna.

AS PASSAGENS RELEVANTES DO ANTIGO TESTAMENTO

Uma investigação adequada das questões que acabam de ser apresentadas requer atenção aos textos bíblicos que a elas se referem especificamente. Esses textos são prescritivos (primordialmente os que se encontram na Torá, i.e., os textos legais ou jurídicos) e descritivos (fundamentalmente os que se acham nas narrativas históricas). Ou seja, eles regulamentam a prática da guerra de Javé e, em seguida, apresentam relatos que descrevem como essa guerra era, de fato, levada a efeito.

[3]Walter Brueggemann, *Theology of the Old Testament* (Minneapolis: Fortress, 1997), p. 355-99. Dhorme declara que "o contraste entre a expectativa de Jó (29.18-20) e sua triste realidade (30.1ss) é uma evidente contradição com respeito a todo o sistema de princípios morais de conduta baseados na equação do bem moral com a felicidade material" [E. Dhorme, *A Commentary on the Book of Job*, trad. Harold Knight (Nashville: Thomas Nelson, 1984, p. cxliii)].

[4]Rudolf Smend, *Yahweh War and Tribal Confederation*, trad. Max Gray Rogers (Nashville: Abington, 1970), p. 38; G. H. Jones, The Concept of Holy War, in *The World of Ancient Israel*, ed. R. E. Clements (Cambridge: Cambridge University Press, 1989), p. 313-4; P. U. Lilley, Understanding the *Ḥerem*, *TynBul*, n. 44 (1993), p. 173 [original em alemão].

A abordagem a ser seguida é: 1) oferecer um resumo dos relatos de batalhas em geral, principalmente das que parecem ter conotações de guerra de Javé;[5] 2) isolar as passagens que incorporam traços inegáveis de genocídio, incluindo o uso de termos técnicos, tais como o vocábulo hebraico *ḥrm/ḥerem*; 3) reexaminar esses relatos mais recentes de um ponto de vista teológico e ético, buscando compreender sua contribuição para com a teodicéia bíblica como um todo.

A legislação da guerra de Javé

Embora alguns indícios de justificativa para a execução da guerra de Javé apareçam antes da revelação da aliança do Sinai (v. Êx 3.8-12,17-20; 4.22,23; 6.6-8; 7.3-5,17,18; 9.13-17; 11.4-8; 12.12,29-33; 13.14-16; 14.10-25; 15.1-18,21; 17.8-16), foi só depois do estabelecimento de Israel como nação, após a revelação, que a guerra de Javé se tornou não apenas uma mostra do poder e graça redentores de Deus a favor de seu povo, mas também parte do próprio relacionamento da aliança.[6] A partir de então, Israel não só testemunharia os feitos poderosos de Deus como Guerreiro celestial, como também se engajaria na missão de levá-los a efeito.

A primeira articulação da guerra de Javé aparece no final do assim chamado "Livro da Aliança" (Êx 23.20-33),[7] uma seção que, junto com 20.22,23, engloba todo o texto da aliança.[8] O tema comum de ambas as passagens é a necessidade de reconhecer que só Javé é Deus e que ele é o único a ser adora-

[5]Meu aluno Milad Dagher, em uma monografia não publicada, identifica pelo menos 59 relatos de batalhas desde o Êxodo até a destruição de Jerusalém pelos babilônios. Cerca de um quarto deles contém alusões nítidas à guerra de Javé. Lind arrola os 11 "episódios mais dramáticos", em que predomina a teologia da guerra de Javé [Paradigm of Holy War in the Old Testament, *BR* 16 (1971): 30].

[6]Ollenburger, Introdução, p. 4-5; Millard Lind, *Yahweh Is a Warrior* (Scottdale: Herald, 1980), p. 148-9; Joel S. Kaminsky, Joshua 7: A Reassessment of Israelite Conceptions of Corporate Punishment, in: *The Pitcher Is Broken: Memorial Essays for Gösta W. Ahlström*, ed. Steven W. Holloway & Lowell K. Handy (JSOTSup, 190, Sheffield: Sheffield Academic Press, 1995), p. 343; Reuven Firestone, Conceptions of Holy War in Biblical and Qur'anic Tradition, *JRE* 24 (1996): 105; Michael Walzer, The Idea of Holy War in Ancient Israel, *JRE* 20 (1992): 216.

[7]Lilley, Understanding the *ḥerem*, p. 174.

[8]John I. Durham, Exodus (WBC 13; Waco: Word, 1987), p. 334.

do. Além dessa declaração, o texto de 23.20-33 explica detalhadamente a necessidade de destruir as nações de Canaã por serem inimigas de Javé e de Israel (23.22,23,27-30). Elas são inimigas porque adoram e servem a outros deuses.[9] Logo, devem ser destruídas, para que Israel não siga seu exemplo e adore esses deuses, violando assim os dois primeiros mandamentos do decálogo (23.24,25; v. 20.3-5).

Outros vislumbres da guerra de Javé podem ser encontrados em Levítico 26.3-45 e Números 14.39-45, 21.1-3 e 31.1-20, mas não de forma completa e confirmada. É no contexto da renovação da aliança em Moabe que a guerra de Javé alcança sua expressão definitiva, particularmente em Deuteronômio 20.1-20. Nesse manual de guerra, são estabelecidos os princípios de conduta para as guerras em geral e para a guerra de Javé em particular (v. 16-20). Em todos os casos, Javé está presente, e há elementos comuns a ambos que sugerem que os conflitos analisados não são de forma nenhuma seculares. Este capítulo, posteriormente, tratará mais detalhadamente desse assunto.

A posição estratégica de Deuteronômio é a iminente conquista de Canaã em cumprimento às promessas feitas aos patriarcas. É evidente que a terra era considerada propriedade de Israel por direito divino, e as nações que a ocupavam eram tidas como um pouco mais que posseiros. Portanto, Javé, na qualidade de dono da terra, tomaria medidas para destruir ou expulsar os habitantes ilegais, e faria isso, em grande parte, por intermédio de seu povo Israel e por meio da guerra de Javé. Muitas passagens ou ordenam tal investida (Dt 7.1-5,17-26; 9.1-5; 12.1-3; 13.12-18; 20.16-20) ou a mencionam como já tendo ocorrido do outro lado do Jordão (2.30-37; 3.1-3).

As narrativas da guerra de Javé

Ainda que a maior parte seja relatada na era pós-mosaica, há descrições da guerra de Javé na Torá. O relato mais antigo é o de Êxodo, em que há o registro de que Javé comandou os

[9]Philip D. Stern, *The Biblical Ḥerem: A Window on Israel's Religious Experience* (BJS 211; Atlanta: Scholars Press, 1991), p. 104, 110, 123; Richard D. Nelson, *Ḥerem* and the Deuteronomic Social Conscience, in: *Deuteronomy and Deuteronomic Literature: Festschrift C. H. W. Brekelmans*, ed. M. Vervene & J. Lust (BETL 133; Leuven: Peeters/Leuven Univ. Press, 1997), p. 53.

exércitos de Israel (Êx 13.21,22), guerreou por eles (14.14), dividiu o mar Vermelho (v. 21,22), afogou o exército egípcio (v. 26-28) e provou com isso tudo que é o Senhor (14.31). Na descrição poética, ele é chamado de "guerreiro" (15.3, lit. "homem de guerra"), aquele que é incomparável entre todos os deuses (v. 11). A conquista de Javé no Egito prefigura sua eterna soberania (v. 18).[10] A tentativa fracassada de Israel de invadir Canaã precipitadamente (Nm 14.39-45) foi seguida, mais tarde, por um combate ferrenho durante o qual Javé comandou seus exércitos em triunfo sobre os cananeus de Arade (21.1-3). Logo depois disso, os amorreus, liderados pelo rei Seom, foram derrotados por Israel (v. 21-30), campanha descrita em Deuteronômio 2.26-37 como guerra de Javé. O mesmo pode ser dito da vitória sobre Ogue, rei de Basã (Nm 21.31-35; v. Dt 3.1-17). A batalha de retaliação contra os midianitas (Nm 31.1-24) sem dúvida também é guerra de Javé, ainda que a linguagem técnica esteja ausente na maior parte do texto.

A conquista de Canaã obviamente implicava a guerra de Javé, já que estava de acordo com a ordem deuteronômica. Jericó foi tomada e destruída dessa maneira (Js 6), assim como a fortificada cidade de Ai (8.24-29). Há indícios da guerra de Javé na derrota da coligação dos cinco reis amorreus (10.5-14), bem como no resumo de toda a campanha de Josué no sul, na qual Javé tomou a iniciativa de derrotar Hazor e seus aliados (11.1-15). Na realidade, toda a conquista é atribuída à iniciativa e à intervenção divinas (v. 16-20).

O livro de Juízes comprova o fato da guerra de Javé, ora com não mais que breves alusões a termos técnicos (1.17-19,22-26; 3.7-31), ora com descrições mais patentes e longas. Note, por exemplo, que no cântico de Débora há declarações de que Javé marchou desde Edom (5.4), desceu para se juntar a Débora na batalha (v. 13) e dispôs os exércitos dos céus em ordem de batalha contra Sísera e os cananeus (v. 19-21).[11] O narrador também deixa claro que o sucesso de Gideão na des-

[10]Lind, *Yahweh Is a Warrior*, p. 46-54.

[11]P. D. Miller Jr., *The Divine Warrior in Early Israel* (HSM 5; Cambridge: Harvard University Press, 1973), p. 161-2; Moshe Weinfeld, Divine Intervention in War in Ancient Israel and in Ancient Near East, in: *History, Historiography and Interpretation*, ed. H. Tadmor & M. Weinfeld (Jerusalem: Magnes, 1984), p. 124-31.

truição dos midianitas foi creditado à ajuda de Javé (v. 6.11,12; 7.9,14).

Sob a liderança de Samuel, Javé alcançou grande vitória sobre os filisteus (1Sm 7.5-14). Após fazer jejum e confessar os pecados, o povo clamou a Javé por salvação (v. 6,9), oração que Deus respondeu de maneira determinada (v. 10). A partir de então, o lugar recebeu o nome de Ebenézer ("pedra de auxílio"), para celebrar a liderança de Javé na libertação de Israel (v. 12). O rei Saul também conhecia um pouco a presença e o poder de Javé na batalha (11.6,7), de modo que tentou apropriar-se dos cerimoniais da guerra de Javé ao apelar para a arca (ou para o manto sacerdotal) em sua relação com o sacerdócio (14.18,19). A batalha de Saul contra os amalequitas é nitidamente uma guerra de Javé, apesar de sua desobediência em cumprir plenamente a ordem profética de Deus (15.3,8,15,20). O reinado de Davi também é marcado pela ocorrência de várias guerras de Javé ou, pelo menos, guerras nas quais podem ser percebidos indícios da intervenção de Javé. O registro das vitórias de Davi coligido em 2Samuel 8 demonstra que o segredo do sucesso reside na iniciativa e na intervenção divinas (v. 6,14).

O último exemplo da guerra de Javé é o maravilhoso livramento de Jerusalém do cerco de Senaqueribe, rei da Assíria, nos dias do rei Ezequias (2Rs 18.13—19.37).[12] Após os escárnios e ameaças proferidos pelo porta-voz assírio, Ezequias, arrependido, entrou no templo, convocou o profeta Isaías para interceder a seu favor perante Javé e reconheceu que Javé é soberano e que era a reputação deste que estava em jogo. Isaías respondeu que Javé salvaria a cidade e o faria por amor a si mesmo e por causa de Davi, com quem fizera uma aliança solene. Seguiu-se, então, o extermínio do exército da Assíria pelo anjo de Javé.

OS TEXTOS E AS REGRAS DA GUERRA DE JAVÉ

Como se dá com qualquer instituição ou prática governada por padrões convencionados, as passagens que tratam da guerra de Javé apresentam termos técnicos próprios e características únicas no que se refere à crítica da forma. A maioria

[12]Stern, *The Biblical Ḥerem*, p. 185; Lind, *Yahweh Is a Warrior*, p. 141.

dos eruditos concorda que não há sequer uma passagem que contenha todos eles. Na verdade, poucos textos apresentam a maioria desses termos e características. Gerhard von Rad, em seu estudo embrionário realizado em 1951, isolou os seguintes elementos como indicadores da presença de uma ideologia da guerra de Javé,[13] análise que continua a desfrutar grande prestígio:

a) a convocação das tropas a toque de trombeta;
b) a consagração dos homens (Js 3.5);
c) a oferta de sacrifícios;
d) um oráculo de Deus;
e) "Javé os entregou";
f) Javé vai à frente;
g) a denominação "guerra [ou "combate", "batalha"] de Javé" (1Sm 18.17; 25.28);
h) a expressão "não tenham medo";
i) a perda da coragem por parte do inimigo;
j) o grito de guerra (heb. *t^eru'ah*);
k) o terror com relação ao divino;
l) o *ḥerem* ("o clímax");
m) "para sua tenda" (1Sm 4.10).

É evidente que a ocorrência do termo hebraico *ḥerem* é um traço característico da guerra de Javé, critério aceito por quase todos os estudiosos do assunto.[14] Entretanto, um dos mais famosos exemplos desse conflito, descrito em 2Crônicas 20.1-30, não inclui nenhum desses termos, ainda que, na realidade, mencione os levitas, em vez de mencionar os sacerdotes. Além disso, certas passagens, embora não apresentem a maioria dos termos peculiares, são reconhecidas como textos que proporcionam uma visão paradigmática da natureza e do propósito da guerra de Javé. Dentre elas, incluem-se Deuteronômio 7.1-5 e 13.12-18, sobre as quais falaremos mais tarde. Nosso objetivo de limitar a guerra de Javé ao genocídio exclui

[13] *Holy War in Ancient Israel*, p. 41-51 [original em alemão].

[14] Jones, The Concept of Holy War, p. 309; v. Sa-Moon Kang, *Divine War in the Old Testament and in the Ancient Near East* (BZAW 177; Berlin: Walter de Gruyter, 1989) 142-3; N. K. Gottwald, "Holy War" in: Deuteronomy: Analisys and Critique, *RevExp* 61 (1964): 299.

a análise de casos em que outras formas menos drásticas desse tipo de guerra possam ocorrer.

De todos os termos a serem estudados, apenas *ḥerem* requer análise mais profunda, pelo fato de ser indispensável no que concerne ao contexto da guerra de Javé e do genocídio. A raiz hebraica *ḥrm* traz em si tanto a idéia de destruição quanto a de consagração ou separação, e, em algumas passagens, ambas as variações ocorrem ao mesmo tempo.[15] Seu significado também depende de estar acompanhada de outros termos e dos sinônimos ou antônimos com os quais está associada.

A melhor maneira de entender a natureza do genocídio no AT, bem como a ética de sua implementação e suas implicações em face do caráter de Deus, é abordar indutivamente os principais textos bíblicos que o autorizam ou o descrevem, a fim de chegar às devidas conclusões. Essa abordagem terá início por meio da análise dos aspectos léxicos e literários de tais passagens, seguida pela análise das circunstâncias históricas, culturais e teológicas desse tipo de guerra e pela justificativa veterotestamentária para sua concretização.

Deuteronômio 20.1-20

Esse texto, às vezes descrito como o "manual de guerra" de Israel, prescreve o procedimento que a nação deveria ter com respeito à conquista de Canaã, que estava prestes a ocorrer.[16] Divide-se em duas partes: 1) Instruções sobre a guerra "comum" (v. 1-15) e 2) instruções sobre a guerra de Javé (v. 16-20). Nós nos concentraremos nessa última parte, embora haja indícios claros da guerra de Javé em toda a passagem. Dentre as instruções, destacam-se: 1) a ordem para não ter medo, pois Deus estará presente (v. 1,3,4); 2) a participação das pessoas ligadas ao culto (v. 2); 3) a garantia de que Javé é o guerreiro (v. 4); 4) a certeza do sucesso na guerra (v. 13); 5) o extermínio de todos os homens (no caso de guerra comum, v. 13) ou de todas as pessoas, indiscriminadamente (no caso da guerra de Javé, v. 16,17); 6) o saque dos despojos (no caso de guerra comum, v. 14); 7) a razão da destruição total (no caso

[15]N. Lohfink, "חֵרֶם", *TDOT*, v. 5, p. 180-99; J. Naudé, "חרם", *NIDOTTE*, v. 2, p. 276-7.
[16]Von Rad, op. cit., p. 115-6; Lind, *Yahweh Is a Warrior*, p. 134.

da guerra de Javé, v. 18), ou seja, impedir que Israel adote práticas pagãs. Os termos técnicos hebraicos encontrados nessa passagem incluem: *ḥerem* ("destruição completa", v. 17), *milḥamah* ("guerra", v. 1), *kohen* ("sacerdote", v. 2) e *nkh* ("golpear", "ferir", v. 13). Os dois primeiros termos ocorrem na parte referente à guerra de Javé.

Deuteronômio 13.12-18

O texto de Deuteronômio 13.12-18 contém alguns dos termos comumente utilizados para a guerra de Javé, como: "completa destruição" (heb. *ḥerem*), "ferir" (heb. *nkh*) e "queimar" (heb. *śrp*), mas a situação é radicalmente diferente, pois nesse caso a guerra de Javé é direcionada contra as próprias pessoas e lugares em Israel.[17] O contexto refere-se à possibilidade de apostasia dentro da comunidade da aliança e ao que deve ser feito contra a liderança apóstata, principalmente contra os falsos profetas (v. 1-11) e cidades que lhes derem crédito e proteção. Esses lugares são tão culpados diante de Deus quanto qualquer cidade cananéia, portanto a sentença deve ser exatamente a mesma — a aplicação da guerra de Javé. A punição caracteriza-se por ferir (heb. *nkh*) ao fio da espada, pela destruição total (heb. *ḥerem*) dos bens e propriedades e pela queima da cidade e seus despojos (heb. *śrp*) em dedicação a Javé (v. 15,16a). O local deveria ficar abandonado (v. 16b), e nada do que fora consagrado (heb. *ḥerem*) poderia ser aproveitado para uso pessoal (v. Js 6.17; 7.10,11).

No centro dessa questão, está o reconhecimento de que Israel, caso enveredasse para a idolatria, se tornaria um povo pagão. Sendo assim, a guerra de Javé é essencialmente uma guerra contra os deuses imaginários deste mundo que desafiam a soberania de Javé. Nesse sentido, a guerra de Javé talvez possa ser mais apropriadamente denominada veredicto, em vez de homicídio. Somente por meio da vitória rápida e definitiva de Javé sobre os falsos deuses é que sua soberania pode ser mantida e celebrada. Segue-se que os promotores e praticantes da adoração a outros deuses — até mesmo israelitas — devem ter em mente o destino dos falsos deuses, ou

[17]KAMINSKY, Joshua 7, p. 321, 338-45.

seja, a erradicação total. Como essa narrativa salienta, a lição a ser tirada de medidas tão duras e cruéis é a de que "todo o Israel saberá disso; todos temerão e ninguém tornará a cometer uma maldade dessas" (Dt 13.11).

Josué 6.1-27

A primeira guerra de Javé dá-se em Jericó, bem no início da conquista de Canaã.[18] Sua natureza cúltica é percebida pela presença dos sacerdotes que, no sétimo dia, vão à frente da arca da aliança e tocam as trombetas para que o muro caia (v. 4). Javé apresenta-se como o instigador da campanha militar (v. 2) e como o que a levará ao sucesso final (v. 16). O resultado é o total extermínio (heb. *ḥerem*) de pessoas e animais (v. 21), bem como a queima (heb. *śrp*) da própria cidade (v. 24). Entretanto, as coisas destruídas são aqui chamadas de *ḥerem*, ou seja, objetos (e pessoas) consagrados a Javé para uso exclusivo dele.[19] Desse modo, ambos os significados, "destruir" e "consagrar", ocorrem na narrativa.

Josué 8.1-29

O lugar seguinte a padecer a guerra de Javé é a cidade de Ai, posto militar avançado e fortemente guarnecido, a noroeste de Jericó. A narrativa tem início com a ordem de que o povo não tenha medo, seguida pela garantia de que Javé estará com Josué e com o povo (v. 1). Todavia, dessa vez, só o povo de Ai deveria ser exterminado (heb. *ḥerem*) — os bens e o rebanho poderiam ser levados por Israel (v. 2). Fazendo uso de uma estratégia de guerrilha com armadilhas e emboscadas, Josué conseguiu capturar todos os homens de Ai, que foram mortos (v. 22), bem como as mulheres e as crianças (v. 24-26). Em seguida, pôs fogo em todas as construções da cidade, incluindo o alicerce (v. 28). Contudo, no caso de Ai, os despojos foram poupados e distribuídos entre o povo de Israel (v. 27). A ocorrência dos verbos "ferir" (heb. *nkh*, v. 22) e

[18]Jeffrey H. Niehaus, Joshua and Ancient Near Eastern Warfare, *JETS* 31 (1988): 37-50.

[19]Kaminsky, Joshua 7, p. 329, n. 38.

"incendiar" (heb. *śrp*, v. 28), associada ao uso de *ḥrm*, é suficiente para demonstrar que se trata de uma guerra de Javé.

Josué 10 e 11

As campanhas de Josué ao sul e ao norte consistiram no emprego da guerra de Javé. A aliança dos reis amorreus contra Israel ocorre precisamente por causa das notícias de que Ai fora aniquilada mediante *ḥrm* (10.1). Josué fere (heb. *nkh*, v. 10) um por um dos reis do sul e suas cidades. O texto diz que Javé luta (heb. *lḥm*, v. 14,42) por Israel, o que constitui um indício claro da natureza dessas campanhas.

A campanha ao norte tem muitos elementos em comum com a campanha ao sul, em grande parte por ser, em sua natureza, guerra de Javé. Há o apelo para que o povo não tenha medo (11.6; v. 10.8), e verifica-se a promessa de que Javé os livraria (11.6) e o cumprimento dessa promessa (v. 8), por meio da matança (v. 8,10-12,14,17), da destruição por meio do fogo (v. 6,9,11,13) e do completo extermínio dos seres humanos (*ḥrm*, v. 11,12,20,21). Ao resumir a conquista de toda a terra, o narrador faz a notável observação de que todas as vitórias de Israel se deveram ao fato de que Javé endureceu o coração dos inimigos, induzindo-os a atacar seu povo, para que desse modo tivesse a oportunidade de aniquilá-los (v. 20). Israel não deveria ter compaixão deles, pois era plano de Deus que aquelas nações fossem eliminadas da terra.

1Samuel 15.1-23

Uma das primeiras responsabilidades de Saul ao assumir o reino de Israel foi vingar-se dos amalequitas, que tinham investido de forma covarde contra o enfraquecido e debilitado povo de Israel no deserto do Sinai (Êx 17.8-16). Na ocasião, Javé deu ordem para que Moisés escrevesse um memorial com o registro de que o Senhor faria que Amaleque fosse completamente esquecido (v. 14). Quatro séculos depois, a hora chegou. O Senhor ordenou a Saul (1Sm 15.2) que ele fosse e ferisse (heb. *nkh*, v. 3; cf. v. 7) os amalequitas, aniquilando-os totalmente (heb. *ḥrm*, v. 3). O *ḥerem* tinha de ser irrestrito (v. 3), porém Saul poupou o rei de Amaleque, bem como o melhor dos animais e dos despojos (v. 9,15,21). Essa desconsideração flagrante para com a gravidade da guerra de Javé custou a Saul o trono, pois obedecer às exigências divinas era muito mais importante que adorar a Javé com sacrifícios (v. 22,23).

Textos escatológicos

É um tanto surpreendente que, a despeito de as relações entre Deus e as nações nos tempos escatológicos terem um predominante sabor militarista (Is 2.12-17; 9.1-7; 13.6-16; 24.1-13; 34.1-7; Jr 25.32-38; Ez 25.1-7; Zc 14.9-15 etc.), os termos e expressões técnicas associados à guerra de Javé sejam raros. O texto de Isaías 11.11-16, ao descrever o retorno de Israel como uma reedição da libertação no Êxodo, compara as dificuldades com o mar Vermelho, um inimigo que deve ser sujeitado ao *ḥrm* (v. 15).[20] É claro que isso faz lembrar o papel desempenhado por Javé como guerreiro, conforme celebrado no cântico de Moisés após a travessia do mar Vermelho (Êx 15.3,4,6). É ele que, nos últimos dias, dará início ao retorno de Israel e Judá à sua terra (Is 11.11), reconciliará os dois reinos, fazendo-os voltar a ser um único povo (v. 13), lhes dará o domínio sobre as nações (v. 14) e abrirá o caminho de retorno à terra prometida (v. 16; v. tb. 19.23; 35.8; 40.3; 62.10).

Jeremias também fala de juízo escatológico do ponto de vista da guerra de Javé. Ao referir-se a Babilônia, ele prevê o dia em que ela sofrerá destruição total (heb. *ḥrm*) numa batalha comandada por Javé (Jr 50.21,22). Ele irá preparar uma armadilha para esse antigo flagelo da terra, principalmente porque Babilônia, símbolo por excelência da rebelião contra Deus, terá a ousadia de atentar contra sua soberania (v. 24). Javé, na condição de Guerreiro, posicionará suas armas de guerra e disporá seus exércitos em ordem de batalha para cumprir sua missão (v. 25). O objetivo e o resultado serão a total aniquilação (heb. *ḥrm*, v. 26). Esses textos chamam a atenção para uma época distinta no NT, época em que, como veremos, o sentido da guerra de Javé continua a ser importante.

[20]Ollenburger, Introduction, p. 27; Stern, op. cit., p. 192.

A CONJUNTURA HISTÓRICA, CULTURAL E TEOLÓGICA PARA A GUERRA DE JAVÉ

Após essa análise sucinta dos textos mais importantes relacionados com a guerra de Javé, tanto em seus termos técnicos quanto nos argumentos principais, é importante agora identificar as circunstâncias que dão origem a esse fenômeno. Até mesmo uma análise feita às pressas demonstra que a guerra de Javé, definida pela prática do genocídio, originariamente está ligada ao acontecimento histórico do Êxodo e à subseqüente ocupação da terra prometida pelos patriarcas de Israel.[21] Mas por que eram necessárias medidas tão extremas e qual o motivo da consagração de lugares, pessoas e objetos despojados no conceito global de guerra de Javé? A melhor forma de abordar o assunto é considerar a natureza do relacionamento de Javé com Israel, a nação a favor da qual essa guerra foi empreendida, tentando compreender aquilo que, surgindo dessa relação, poderia justificar a prática do genocídio como um remédio para garantir a estabilidade do relacionamento.

A aliança patriarcal e as promessas

O remédio para a Queda e a pecaminosidade humana incluía a designação de um povo por intermédio do qual todas as nações da terra seriam abençoadas.[22] Essa idéia tem origem em Abraão, a quem Deus soberanamente escolheu para fundar essa nação (Gn 12.1-3), com quem firmou uma aliança de concessão de direitos e benefícios (17.1-14) e a quem fez a promessa específica de uma terra (13.14-18; 15.7,18-21; 17.8). E o mais importante: os descendentes de Abraão seriam o povo de Deus de modo singular, um relacionamento descrito em detalhes mais tarde (17.7; Êx 3.7,10; 5.1; 6.7 etc.). Na qualidade de Deus deles, ele permitiria que se tornassem escravos numa terra estrangeira (Gn 15.13), mas também seria como seu Deus que os resgataria e com grande poder os traria de volta a Canaã, a terra da promessa (v. 14,16).

[21]Millard Lind afirma que a fundamentação completa para guerra de Javé encontra-se no "testemunho de Israel sobre um fato decisivo ocorrido nos primórdios da guerra propriamente dita — o Êxodo" (*Yahweh Is a Warrior*, p. 31).

[22]H. Eberhard von Waldon, The Concept of War in the Old Testament, *HBT* 6 (1984): 46.

Durante todo o período dos patriarcas, as promessas de bênção e da terra foram mantidas, mas sempre com o sentimento nefasto de que o caminho de retorno à terra e a posse desta seriam repletos de dificuldades. Se um dia isso viesse a se concretizar, seria devido ao fato de que Javé providenciara a liderança e os recursos para tanto (Gn 22.16,17; 26.3; 28.1-4; 35.12; 46.2-4).

A filiação de Israel e a necessidade de libertação

Um dos mais notáveis epítetos usados no AT para descrever Israel é o de filho de Javé (Êx 4.22,23; v. Is 63.16; 64.8; Os 11.1). Já identificados previamente com o povo de Deus, eles encontram refúgio e, depois, escravidão no Egito — uma situação que partiu da opressão (Êx 1.11,13,14) e culminou no infanticídio (v. 15,16). O Deus de Israel intervém nessa reviravolta insuportável de acontecimentos. Ele ouve o lamento de seu povo, lembra-se da aliança que fez com os patriarcas e toma medidas para concretizar a redenção deles (2.23,24; 3.7,8). Ele então assume o papel de Guerreiro, em primeiro lugar demonstrando sua glória e poder ao faraó (3.10), mas, no momento em que essa iniciativa não atingir o fim esperado, ele executará, por meio da força, a libertação de seu povo oprimido e ameaçado (3.17,20; 6.1,6-8; 7.4; 12.17,37-42).[23]

A natureza belicosa da redenção de Javé a favor de Israel ganha um significado especial na intimidade de seu pacto com eles, numa relação de Pai para filho. Moisés é encarregado de informar o faraó, personificação de toda a nação egípcia, de que Israel é o primogênito de Javé, seu herdeiro. Por conseguinte, Israel precisa ficar livre para cumprir a responsabilidade de servir de instrumento para abençoar toda a terra (Êx 4.22). O castigo pela recusa em deixar Israel partir seria a morte do próprio primogênito do faraó (v. 23). Apesar das pragas devastadoras que praticamente arruinaram o país, o faraó re-

[23]Craigie, op. cit., p. 11, 94-97; idem, Yahweh Is a Man of War, *SJT* 22 (1969): 184; F. M. Cross, The Divine Warrior in Israel's Early Cult, in: *Biblical Motifs, Origins and Transformations*, ed. A. Altmann (Cambridge: Harvard University Press, 1966), p. 19-21; Lind, *Yahweh Is a Warrior*, p. 88; T. Longman III, The Divine Warrior: The New Testament Use of an Old Testament Motif, *WTJ* 44 (1982): 292-306; Weinfeld, Divine Intervention in War in Ancient Israel and in the Ancient Near East, p. 121.

cusa-se a concordar. Diante disso, sai o edito de Javé — todos os primogênitos do Egito devem morrer (11.5), um juízo que sobrevém a toda família que se recusou a se beneficiar do sangue protetor do cordeiro pascal (12.29,30). Daquele momento em diante, todo primogênito macho de Israel será consagrado em sinal da atuação da graça redentora de Javé na preservação de Israel, seu filho primogênito (13.2,11-16; 22.29; 34.20; Nm 3.12,13,40-51; 8.14-19).

Também não podemos deixar de lado o fato fundamental de que o conflito no Egito, na realidade, não era entre Javé e o faraó, muito menos entre Javé e o Egito, e sim entre Javé e os deuses do Egito (Êx 12.12; Nm 33.4).[24] A guerra de Javé é, em seus fundamentos, uma guerra contra as trevas espirituais e a impiedade em esferas que transcendem o humano e o terreno (Gn 3.15; Jó 1.6-12; 2.2-6). O cântico de Moisés após a travessia do mar Vermelho precisa ser entendido nesses termos, pois não só celebra o triunfo de Javé sobre o faraó e seus exércitos (Êx 15.1,4,5), como também faz nítidas alusões a uma vitória muito mais profunda e significativa, a vitória sobre toda e qualquer noção de divindade competidora, seja real, seja imaginária: "Quem entre os deuses é semelhante a ti, Senhor?", pergunta o poeta. "Quem é semelhante a ti? Majestoso em santidade, terrível em feitos gloriosos, autor de maravilhas?" (v. 11). É fato que Javé derrotou o Egito, e também é verdade que ele deu prova de sua soberania sobre todos os candidatos à soberania, sejam eles humanos, sejam divinos.

A conquista: guerra em cumprimento da promessa

A guerra de Javé foi necessária para que Israel escapasse do Egito e, nesse momento, indispensável para a conquista e o estabelecimento na terra de Canaã. Se o primeiro caso é compreendido por dedução, o segundo é pronunciado explicitamente em termos inquestionáveis. Entretanto, o problema em ambos os casos é o mesmo: Deus prometeu aos patriarcas que seus descendentes seriam libertos da opressiva escravi-

[24]Jeffrey J. Niehaus, The Warrior and His God: The Covenant Foundation of History and Historiography, in: *Faith, Tradition, and History*, ed. A. R. Millard, James K. Hoffmeier & David W. Baker (Winona Lake: Eisenbrauns, 1994), p. 308.

dão, imposta por um poder hostil, e trazidos para uma terra que possuiriam e ocupariam. Tudo isso seria iniciado e executado com sucesso por seu Deus guerreiro, o Senhor dos exércitos, que viria em socorro de seu povo e entraria em batalha contra aqueles que se encontravam em esmagadora vantagem.

A instrução para a guerra de Javé

Como se dá com qualquer outro no propósito e no plano de Deus, deve haver um protocolo a ser seguido na execução da guerra de Javé. Nenhuma passagem do AT apresenta um esboço completo e sistemático do método pelo qual essa guerra deveria ser levada a efeito. No entanto, examinamos vários textos que, em conjunto, proporcionam uma compreensão razoavelmente satisfatória. Além das passagens mencionadas, examinemos agora o texto de Deuteronômio 7.1-5.

Essa passagem ocorre no contexto das planícies de Moabe, na véspera da conquista de Canaã, sob a liderança de Josué. Israel já obtivera sucesso na conquista dos reinos transjordanianos e começava a ocupação de seus respectivos territórios (Dt 3.12-17). Nesse momento, Moisés dirige sua atenção para o oeste. Ele relembra ao povo que Javé já lhes concedera a terra — pelo menos em promessa — e que daria aos reis de Canaã o mesmo fim que dera a Seom, rei de Hesbom, e a Ogue, rei de Basã. Javé, "o seu Deus, é quem lutará por vocês" (3.22; v. 1.30). Ou seja, Javé é o Guerreiro que, com estratégia e poder próprios, trará bom êxito.

O inimigo compõe-se de sete nações, de modo que o sete, em termos numéricos, reflete o conceito de plenitude no que tange à oposição.[25] A descrição que o texto faz desses povos como mais populosos e poderosos que Israel reforça a idéia de sua invencibilidade (7.1). Israel só poderá vencê-los com auxílio divino. A consciência da ampla superioridade inimiga é, na realidade, uma das marcas registradas da guerra de Javé.

A ordem dos acontecimentos é significativa. Somente depois de Javé entregar (heb. *ntn*) o inimigo nas mãos de Israel é que este será capaz de feri-lo (heb. *nkh*). E a matança tem de resultar em *ḥerem*, total destruição (7.2). A opção de fazer

[25]A. D. H. Mayes, Deuteronomy (NCBC; Grand Rapids: Eerdmans, 1979), p. 182.

aliança com esses povos ou de unir-se a eles em casamento — ou mesmo de ter compaixão deles e poupá-los por alguma razão — não deve sequer ser sugerida, pois assim eles induzirão Israel a adorar seus deuses e a adotar suas formas abomináveis de culto (v. 4). Em vez disso, eles e seus utensílios de adoração deverão ser exterminados (7.5).

A inserção da legislação referente à guerra de Javé logo no começo de Deuteronômio pode ser explicada por sua contígua justaposição com os mandamentos que proibiam a adoção de outros deuses e a fabricação e adoração de ídolos pagãos (Dt 5.7-10).[26] Esses mandamentos são prenunciados na fórmula do *Shemá* ("Ouça, ó Israel: o SENHOR, o nosso Deus, é o único SENHOR") e pelo mandamento de que ele deve ser adorado com exclusividade e de maneira completa (6.4,5). Em dura oposição a essas pretensões, permanece a ordem de destruir completamente os que subvertem o senhorio soberano de Javé. A guerra de Javé é uma guerra em defesa de suas exigências singulares no que concerne ao seu povo. A adoração de outros deuses é um ato de alta traição, passível de morte (13.15). Por conseguinte, os que induzem o povo de Deus a tamanha deslealdade também são passíveis de morte.

A passagem que se segue a essas prescrições, em Deuteronômio 7, também é relevante no caso em questão. Nesse texto, Israel é chamado de povo "santo", isto é, separado para o propósito especial de Deus (v. 6). Eles foram divinamente eleitos e libertos da escravidão em cumprimento às promessas feitas aos patriarcas. O sucesso deles depende da obediência à aliança (v. 12), em especial da adoração exclusiva ao seu Deus (v. 16) e da destruição das nações cuja intenção é levá-los para o mau caminho (v. 24,25). Isso é tão importante para Javé que ele mesmo comandará a derrota dessas nações e sua total destruição (v. 19-23).

A implementação da guerra de Javé

O primeiro caso de utilização da guerra de Javé, em obediência à prescrição de Deuteronômio, é a conquista de Jericó. Depois de uma estratégia cuidadosamente traçada, que inclui

[26]Jeffrey H. TIGAY, Deuteronomy (JPSTC: Philadelphia: The Jewish Publication, 1996), p. 84.

o envio de espias para fazer o reconhecimento da região (Js 2), Josué avança para a tomada de Jericó de acordo com a orientação divina. Já nos preparativos, há sinais evidentes do caráter daquele conflito iminente. A cananéia Raabe revela estar consciente de que Javé determinou conceder a terra a Israel (v. 9) e que ele certamente o fará, à semelhança do que fizera na libertação do Êxodo e na aniquilação das cidades transjordânicas de Hesbom e Basã (v. 10). Pelo menos ela, por meio desses exemplos, mostra saber que Javé é Deus (v. Dt 4.32-35).

A preparação para a conquista de Jericó envolvia a tarefa dos sacerdotes no transporte da arca da aliança (Js 3.1-17). A arca representa a presença tangível de Deus (Êx 25.22; 30.6) e, portanto, simboliza sua liderança na luta que estava por vir. No momento em que a procissão sacerdotal se moveu em direção ao Jordão, as águas pararam de correr, e o leito do rio tornou-se visível e seco, tal como acontecera no mar Vermelho, quando Javé tirou seu povo do Egito (Js 3.14-17; v. Êx 14.15-22). Após atravessar o rio, os sacerdotes, levando a arca, circundaram a cidade de Jericó uma vez por dia, durante seis dias, e no sétimo circundaram a cidade por sete vezes (Js 6.4). A importância da arca na identificação da presença de Deus e, conseqüentemente, da guerra de Javé é evidente, em virtude do fato de que é mencionada dez vezes na narrativa (v. 1-16).

A um sinal, as trombetas soaram, e as muralhas da cidade ruíram, possibilitando que os exércitos de Israel entrassem e aniquilassem (heb. *ḥrm*) a população e todos os animais (Js 6.20,21). Só os metais preciosos foram poupados; o mais que restou foi destinado às chamas (v. 24). Esses despojos tornaram-se *ḥerem*, porém não no sentido de serem destruídos. Em vez disso, foram dedicados a Javé e depositados no tesouro sagrado. A combinação de sentidos no termo *ḥrm*, como dedicação a Javé (v. 17,18) e destruição (v. 21), é elucidativa. Ambas são elementos da guerra de Javé, mas num sentido o resultado é a aniquilação, e no outro, a preservação. Entretanto, a preservação não seria em benefício de seres humanos, mas de Javé, para a manutenção prática do culto a ele.

A desconsideração desse aspecto da guerra de Javé traz as mais sérias conseqüências, como se vê no exemplo de Acã, que se apropriou dos despojos de Jericó, os quais deveriam ser dedicados exclusivamente a Javé (7.1). O ato foi considerado violação da aliança com Deus (v. 11; v. Lv 27.28). Na verdade, constituiu um roubo, e, enquanto Israel não tratasse do caso, não seria bem-sucedido na guerra de Javé (Js 7.12). O remédio, de fato, era amargo. A pessoa que cometera tal ato teria de sofrer o *ḥerem*, ou seja, deveria ser consagrada a Javé pela morte (v. 15), destruição que sobreveio não apenas a Acã, mas também a toda a sua família (v. 25,26).

O propósito da guerra de Javé, no caso de Jericó, não era tanto eliminar os deuses e práticas cultuais de seus habitantes, mas exaltar Javé na visão de seu povo. Javé queria que soubessem que ele era o seu Deus, visto que, como o Deus de toda a terra (2.11), estaria ao lado deles para levar a cabo a missão da conquista (v. 10). Segue-se, além disso, que todos os povos da terra reconheceriam que o Deus de Israel era Deus de fato e em verdade (4.24).

A RAZÃO DA GUERRA DE JAVÉ NO ANTIGO TESTAMENTO

Uma coisa é apresentar um esboço da natureza e da história da guerra de Javé no AT. Outra bem diferente é entendê-la, levando-se em consideração o caráter de Deus, e justificá-la à luz dos ensinamentos de Jesus e do NT, para não falar dos conceitos atuais de ética e moralidade.[27] Numa época em que genocídio e limpeza étnica estão acertadamente fadados à reprovação por pessoas moralmente conscientes, como alguém — especialmente um cristão — poderia defender sua utilização, ainda que no remoto passado veterotestamentário? A resposta a essa questão perturbadora deve residir na correta compreensão da verdadeira natureza de Deus, da oposição aos seus propósitos eternos e do meio pelo qual essa oposição pode e deve ser vencida.

Deus, o protagonista

Uma análise concisa talvez não faça jus ao tema propriamente dito da teologia, de modo que o foco da atenção deve

[27]Esses assuntos são analisados, dentre outros autores, por CRAIGIE em *The Problem of War in the Old Testament*, p. 100-2; idem, Yahweh Is a Man of War, p. 186-8; FIRESTONE, Conceptions of Holy War in Biblical and Qur'anic Tradition, p. 100; Jeph HOLLOWAY, The Ethical Dilemma of the Holy War, *SWIT* 41 (1998): 63.

voltar-se para as facetas referentes à natureza de Deus, seu caráter e seus propósitos mais relevantes ao assunto em questão, a saber, seu papel de protagonista na consecução da guerra de Javé. Se há uma coisa clara no exame prévio desse fenômeno, é o fato de que essa guerra foi concebida, ordenada, executada e levada ao seu desfecho pelo próprio Deus. Dentre os atributos de Deus relacionados à guerra de Javé, estão a onipotência, a sabedoria infinita e, acima de tudo, a santidade. Na realidade, é o elemento essencial desse último atributo que deu origem às primeiras referências a esse tipo de conflito como sendo "guerra santa".

Nada disso, porém, nega virtudes divinas como amor, graça, misericórdia e longanimidade. De fato, esses e outros elementos da plenitude de Deus, do modo em que são tratados na teologia cristã clássica, também são encontrados em sua obra sobre a guerra de Javé, ainda que de forma velada. Todavia, a santidade divina é ainda mais visível como o prisma através do qual se pode observar a dura realidade do genocídio nas mãos de um Deus irado e poderoso. A Bíblia está repleta de textos que fazem referência à santidade de Deus (Lv 11.44,45; 19.2; 20.7,26; 21.8; Js 24.19; 1Sm 2.2; 6.20; Sl 22.3; 99.3,5,9; Is 5.16; 6.3; 57.15).

Ao mesmo tempo, nenhuma das passagens que prescrevem ou relatam a guerra de Javé se refere explicitamente à santidade. Em vez disso, a atenção volta-se para a santidade de Israel, o povo separado com a finalidade de refletir o caráter de Javé e levar a cabo seu plano salvífico (Êx 19.6; Dt 7.6; 14.2,21; 26.19; 28.9). Uma perspectiva teológica mais abrangente leva à conclusão de que Israel tinha de ser santo, porque Javé é santo, e de que um dos principais propósitos da guerra de Javé era proteger essa santidade.

O inimigo

A santidade de Deus não subsiste no vazio, como uma qualidade puramente abstrata. Ele é santo porque se mantém separado daquilo que não é. Na realidade, sua santidade está em oposição a tudo e a todos os que não possuem sua perfeição. Está escrito que tudo o que Deus criou era "bom", ou seja, sem nenhum defeito ou indício de hostilidade contra o Criador (Gn 1.31). A Queda e a obscuridade do pecado, porém, puseram fim a essa condição, e, conseqüentemente, ocorreu um rompimento entre Deus e sua criação, tanto no âmbito celestial quanto no terrestre, separação perpetuada pelo antagonismo rebelde em relação a Deus e seus propósitos. A advertência feita à serpente de que haveria inimizade entre ela e a raça humana, culminando, por fim, na derrota da serpente (Gn 3.15), sugere um conflito de ordem superior, uma disputa de vontades entre Deus e as hostes espirituais que lutam contra ele pelo domínio.

Outro termo usado para descrever esse conflito é "guerra", *tema dominante* que perpassa a narrativa da história sagrada do começo ao fim. Portanto, a guerra de Javé é, em certo sentido, uma luta contra os domínios do mal num espectro mais amplo e transcendente, uma batalha que tem início com a primeira arrogância insolente da parte das criaturas e só chegará ao fim no momento em que Satanás e seus súditos forem completamente erradicados do Reino de Deus.[28] Em outro espectro mais limitado, trata-se de uma guerra que historicamente se liga à luta pela libertação de Israel da escravidão no Egito e também à conquista e ocupação da terra de Canaã. Uma interpretação mais acurada dos relatos referentes a esse espectro mais limitado revelará sua ligação visceral com aquele conflito de maiores proporções, o conflito cósmico.[29] O faraó e o Egito tornam-se criptogramas de Satanás e seu reino. As nações cananéias simbolizam os impérios do mal que devem ser derrotados e despojados. Esses inimigos não podem ser apaziguados, nem é possível conseguir um acordo com eles para acomodar a situação. Eles se encontram em irremediável rebelião e devem ser levados a um acerto de contas firme e definitivo.

Essa interpretação da história sagrada explica uma série de coisas relativas à guerra de Javé:

1) Esclarece a razão pela qual a erradicação da idolatria é praticamente uma condição essencial para seu bom êxito. A idolatria é, em essência, a proclamação da existência de poderes sobrenaturais que coexistem com o Deus da Criação e exigem adoração também. Como já observamos repetidas vezes,

[28]Craigie, op. cit., p. 40-2.

[29]Daniel G. Reid & Tremper Longman III, *God Is a Warrior* (Grand Rapids: Zondervan, 1995), p. 72-8.

a idolatria é uma insubordinação aos dois primeiros mandamentos, que afirmam que Javé é o único Deus de Israel e que nenhuma imagem de nenhuma criatura deve ser feita com o objetivo de levar as pessoas a se prostrar e adorar.

2) Uma vez reconhecido o fato de que a batalha, em última análise, tem uma proporção cósmica e que a reputação e a soberania de Deus estão sob ameaça, fica mais fácil perceber o motivo pelo qual a destruição dos que se lhe opõem é uma necessidade absoluta. A questão não pode ficar apenas no plano espiritual. Os agentes humanos a serviço dos manipuladores sobrenaturais também devem ser destinados ao mesmo juízo se permanecerem impenitentes.

3) Isso nos leva à análise seguinte, que diz respeito aos povos escolhidos no AT — em particular, os que sofreram o juízo da guerra de Javé. Embora todas as nações estejam em rebelião contra Deus, aqueles povos que, no desenvolvimento dos propósitos de Deus na História, afrontaram abertamente Israel, seu povo escolhido, configuram-se em alvo específico de seu juízo. Em sua providência, Deus levou Israel para o Egito e posteriormente libertou esse povo, numa impressionante demonstração de seu poderio militar. A guerra de Javé nessa fase ficou restrita, pois o Egito, apesar de sofrer o juízo, teve a permissão de sobreviver como nação, já que, no caso, a idolatria não estava no cerne do problema. As nações cananéias, ao contrário, ocupavam ilegalmente a terra que Deus prometera a Abraão e seus descendentes. Além do mais, elas estavam entregues a uma idolatria avessa a Deus e determinadas a fazer proselitismo para que Israel agisse da mesma maneira. No caso dessas nações, a guerra de Javé tinha de resultar na total aniquilação, a fim de que aquelas conseqüências letais não atingissem Israel.

A iniciativa de utilizar a guerra de Javé contra os cananeus não foi uma decisão de última hora às vésperas da conquista. É preciso retroceder bastante na história do envolvimento de Deus com esses povos para uma compreensão mais completa da razão pela qual eles foram condenados à destruição. Além das ocorrências nas genealogias, os cananeus são, em primeiro lugar, mencionados na maldição proferida por Noé contra Canaã, o filho caçula de Cam (Gn 9.25-27).[30] Naquele

[30]Allen P. Ross, *Creation and Blessing* (Grand Rapids: Baker, 1988), p. 218-20.

contexto, diz-se que Canaã seria escravo dos escravos de seus irmãos, especialmente de Sem. A implicação sinistra dessa advertência percorre, como um fio de linha, a história de Israel em seus primórdios. Quando Abraão chegou à terra de Canaã, descobriu que "os cananeus habitavam essa terra" (Gn 12.6; v. 13.7). É óbvio que a narrativa se desenvolve do ponto de vista de Moisés, que refletia sobre o fato de os cananeus continuarem na terra em seus dias, porém não mais na região montanhosa, como na época dos patriarcas (Nm 13.29). Mais sinistro ainda é o comunicado feito a Abraão de que o retorno de Israel à terra de Canaã depois da temporada no Egito seria retardado por mais de 400 anos ou até que se completasse "a medida da iniqüidade dos amorreus" (Gn 15.16, ARA). O completar-se da medida implica que a situação dos amorreus era irremediável e que a destruição era a única forma de tratamento.[31]

Muito antes que Moisés proibisse o casamento com os cananeus, Abraão já ordenara a Isaque, seu filho, que não o fizesse. Entretanto, Judá, bisneto de Abraão, não era imune à transgressão e tomou para si uma esposa cananéia, em grande parte para sua tristeza (38.2,26). Bem mais tarde, Israel deparou com os cananeus (Nm 21.1-3) e com os amorreus (v. 10-35) no trajeto para a terra da promessa. Os israelitas conseguiram derrotá-los e desapossá-los pela ocupação dos territórios amorreus na Transjordânia. Durante a ocupação das terras que ficavam a oeste do Jordão, Josué declarou que a expulsão dos cananeus testificaria que o Deus vivo estava no meio de seu povo (Js 3.10). Por conseguinte, os cananeus que habitavam a região de Efraim tornaram-se escravos de Israel, a descendência de Sem, e foram sujeitos a trabalhos forçados (Js 16.10; v. 9.22-27; 17.13). Desde então, tornou-se um provérbio referir-se à rebeldia obstinada de Israel contra Deus como uma analogia da maldade dos amorreus, estes na qualidade de padrão pelo qual se mede a impiedade (2Rs 21.11; Ed 9.1).

Israel: o instrumento divino

O papel desempenhado por Israel na implementação da

[31]Victor P. Hamilton, The Book of Genesis: Chapters 1-17 (NICOT; Grand Rapids: 1990), p. 436.

guerra de Javé requer atenção redobrada, porque *somente Israel recebeu autorização para executá-la nos tempos do AT.* A razão desse privilégio questionável é clara: Israel era o povo eleito de Deus, escolhido não somente para ser o interlocutor da mensagem de salvação ao mundo, mas também para servir de agente divino no cumprimento da vontade de Deus na terra. Por vezes, notavelmente durante os anos da conquista, essa missão divinamente ordenada exigiria que pegassem em armas, por serem o exército de Deus. Não é que Deus não pudesse alcançar seus objetivos por si mesmo, pois os fatos demonstram que, na esmagadora maioria das vezes, a execução e o sucesso da guerra de Javé são atribuídos exclusivamente a Deus, e não a Israel ou a qualquer outra entidade humana. Mas permanece o fato de que Israel estava envolvido — e somente Israel, dentre todas as nações da terra.

A conseqüência lógica é que Israel passaria a ser um alvo específico de oposição por parte dos que viviam alheios ao Deus de Israel. Contudo, já que as guerras de Javé eram, na maioria dos casos, não exclusivamente de agressão, Israel seria reputado como o agressor, com todo o ônus que isso pressupõe.[32] Sendo assim, quando Israel tomava a iniciativa de guerrear contra um inimigo, é muito provável que não houvesse nenhum indício de que o protagonista, de fato, era Javé, enquanto Israel era um simples ator coadjuvante. Somente depois que o resultado aparecia, sem nenhuma condição de ser explicado pela lógica humana, os inimigos de Israel chegariam à conclusão de que haviam combatido o próprio Deus de Israel (Êx 15.14,15; Dt 2.15; Js 2.9,11,24; Hc 3.7). A reação, portanto, seria a de temor e rendição submissa ou a de endurecimento e resistência ao juízo de Deus.

O fato de Israel ser a única nação eleita encarregada desse privilégio e dessa responsabilidade estarrecedores significa que só essa nação podia levar a cabo a guerra de Javé como ato de justiça. Mesmo assim, Israel só teve a autorização para fazê-lo nas situações em que receberam de Deus ordens e instruções específicas. A mera realização de um ritual ou do uso de utensílios sagrados, tais como a arca da aliança, não era garantia de sucesso, muito menos qualificava o combate como guerra de Javé (v., p. ex., Nm 14.39-45; 1Sm 4.1-11). Se Deus

[32]Jones, The Concept of Holy War, p. 303, 305; Ollenburger, Introduction, p. 21.

não participasse do acontecimento, nem a quantidade de potencial humano nem a estratégia podiam levar ao cumprimento dos objetivos divinos. Os desdobramentos disso para a questão da guerra em geral e, em particular, para a guerra orientada sob o pretexto de um mandamento divino são enormes. Se nenhuma justificativa pôde ser dada para a guerra de Javé sem a participação de Israel nos tempos do AT, certamente não pode haver nenhuma justificativa para uma guerra santa nos dias atuais, seja em nome de Cristo, seja em nome de Alá, seja em nome de qualquer outra autoridade religiosa.

A guerra de Javé: o método divino

Deus, como o único Ser onipotente, pode concretizar seus propósitos do modo que lhe aprouver. Entretanto, ele faz uso de instrumentos humanos, princípio que está em sintonia com a ordem registrada em Gênesis 1.26-28, na Criação. É o caso da execução da guerra de Javé, pois embora o próprio Deus tomasse a iniciativa, e a conduzisse e levasse a bom êxito, Israel era um grande parceiro. O resultado produzia a glória para Deus, bem como reconhecimento, entre as nações, de que Israel era um povo altamente privilegiado (Dt 4.32-40; 11.24-26; Js 2.8-14; 9.9,10,24). Num sentido mais prático, a medida extrema da guerra de Javé era necessária, pelo menos, por quatro razões: 1) a irremediável dureza de coração de suas vítimas; 2) a necessidade de proteger Israel da ameaça de corrupção espiritual; 3) a destruição da idolatria; 4) a educação de Israel e das nações de acordo com o caráter e os desígnios do único Deus verdadeiro.

A dureza de coração

Diversos termos são usados no AT para retratar a condição de obstinada resistência à vontade de Deus, estado descrito figuradamente como endurecimento do coração.[33] O efeito geral nos indivíduos que se encontram nessa condição é a incapacidade de reagir positivamente às propostas da graça

[33]V. Robert B. Chisholm Jr., Divine Hardening in the Old Testament, *Bib-Sac* 153 (1996): 410-34.

de Deus, não lhes restando alternativa, senão o temível juízo divino. O processo começa com o endurecimento da própria pessoa e termina com a confirmação desse endurecimento pelo Senhor, que leva à única opção disponível a essa pessoa — a destruição do rebelde impenitente. Deus é o único que sabe quando esse tipo de endurecimento ocorre. Portanto, só ele pode decretar a imposição da guerra de Javé ou outra medida punitiva.

Um exemplo clássico desse endurecimento é o do faraó, que, ao receber ordem para libertar Israel da escravidão, recusou-se a fazê-lo. Antes que ocorresse, Deus disse a Moisés que endureceria o coração do faraó (Êx 4.21; 7.3), prenúncio de uma situação que se repetiu diversas vezes (9.12; 10.1,20,27; 11.10; 14.8). Contudo, o próprio faraó atraía para si esse endurecimento por sua rejeição intencional aos apelos e advertências de Deus para que deixasse Israel partir (7.13,14,22; 8.15,19,32; 9.7,34). Não é fácil distinguir o autoendurecimento do faraó daquele produzido pelo Senhor, mas o processo, em sua totalidade, fica claro: o faraó, por seu livre-arbítrio, resistiu às exigências do Deus de Israel e dessa maneira invocou sobre si um espírito de impenitência que só podia levá-lo a juízo.

As narrativas da conquista também deixam claro que um dos motivos da guerra de Javé era a dureza de espírito e de coração por parte dos inimigos de Deus. Por exemplo, Seom, rei de Hesbom, recusou-se a deixar Israel passar pelo meio de sua terra, pois Javé endurecera seu coração e o tornara obstinado de espírito a fim de que fosse entregue nas mãos de Israel (Dt 2.30). É evidente que esse não é um caso isolado, quando se considera Josué 11.20, que, numa referência à conquista no seu todo, declara: "Foi o próprio SENHOR que lhes endureceu o coração para guerrearem contra Israel, para que ele os destruísse totalmente [heb. *ḥrm*], exterminando-os sem misericórdia, como o SENHOR tinha ordenado a Moisés". As implicações morais e teológicas disso são profundas. Todavia, o que fica mais evidente é que os que foram submetidos ao juízo da guerra de Javé de fato o mereciam, já que sua condição de rebelião — a despeito do que acontecesse — não deixava alternativa.[34]

[34]Richard S. HESS, *Joshua: An Introduction and Commentary* (TOTC; Leicester, England: Inter-Varsity Press, 1996), p. 218.

A proteção de Israel

Uma justificativa importante para a guerra de Javé estava na necessidade de preservar o povo escolhido de Deus das incursões do paganismo que certamente insinuavam a Israel a coexistência com os cananeus na terra da promessa. O já citado texto de Deuteronômio 7.1-5 salienta o fato de que qualquer espécie de aliança de Israel com os habitantes de Canaã resultaria no desvio do caminho de Javé para a idolatria, o que colocaria a nação sob o juízo de Deus (7.4; v. 7.25,26; 8.11-20; 28.15-19; 30.15-20). O mesmo conceito é expresso em 20.16-18, texto no qual Javé impõe a sentença da erradicação dos cananeus, a fim de que não ensinem a Israel suas práticas religiosas abomináveis. Isso se configuraria pecado "contra o Senhor, o seu Deus" (v. 18). Assim como Israel descera ao Egito para ficar isolado da corrupção cananéia (Gn 45.5-8; 50.20), também os cananeus tinham de ser desalojados para que Israel pudesse cumprir sua responsabilidade como a nação da aliança com Deus.

Erradicação da idolatria

A remoção das nações pagãs que praticavam a idolatria e a aniquilação da própria idolatria estão de acordo com o último propósito da guerra de Javé já descrito. Embora teoricamente o paganismo possa existir no abstrato, ou seja, separado de seus proponentes, na experiência de Israel a idolatria sempre estava associada a povos e nações com os quais tinha contato — essa era a razão pela qual a erradicação da idolatria dependia da destruição daquelas nações. O decálogo, em ambos os registros, situa a proibição da idolatria imediatamente após a declaração de que Javé é o único Deus (Êx 20.4-6; Dt 5.8-10). Essa justaposição de mandamentos proporciona uma nítida e enfática distinção entre o único Deus verdadeiro e as representações humanas de falsos deuses.[35] Se Israel aceitasse e adorasse essas divindades imaginárias, a corrupção estaria caracterizada (Dt 4.15,16), o que resultaria em seu fracasso e morte (v. 23-28). Por isso, a idolatria tinha de ser extirpada

[35]Umberto Cassuto, *A Commentary on the Book of Exodus*, trad. Israel Abrahams (Jerusalem: Magnes, 1967), p. 242.

junto com as nações que a mantinham e que induziam Israel a fazer o mesmo (7.5,16,25; 12.2,3).

A educação de Israel e das nações

O valor pedagógico da guerra de Javé é que a demonstração de poder e da ira de Deus, por um lado, e de graça e glória, por outro, levaria Israel e as nações da terra a reconhecer a soberania de Deus, especialmente com relação ao seu povo escolhido e em nome dele. Deus dissera a Moisés que o Êxodo convenceria Israel de que Javé é Deus (Êx 6.6,7; v. 7.17; 16.12). De igual modo, o faraó e os egípcios admitiriam essa verdade por ocasião das pragas e da sucessiva partida de Israel (7.5; 14.4,18). A conquista de Canaã alcançaria idênticos resultados. Raabe, bem antes que Jericó, sua cidade, fosse destruída, já sabia que o Deus de Israel era Deus sobre todos os povos, pois ouvira suas façanhas no Egito e na Transjordânia (Js 2.9-11). Josué declarou que Deus secara o rio Jordão para que Israel pudesse temer ao Senhor e os povos da terra confessassem seu poder e preeminência (Js 4.23,24).

A GUERRA DE JAVÉ E O NOVO TESTAMENTO

Restrições de espaço nesta obra impedem qualquer discussão sobre o conceito da guerra de Javé na literatura judaica pós-bíblica, embora fosse uma questão de evidente interesse. Um importante texto dos rolos do mar Morto é dedicado a esse tema, o assim chamado *Manuscrito da guerra* (1QM), e os escritos apócrifos e pseudepígrafes também abordam o assunto em vários lugares (Judite 5.13; 19.7; 1Macabeus 4.9-11; 2Macabeus 5.1-4; 10.24-31; 11.6; 12.15,16; Sabedoria 10.18; Eclesiástico 10.13; 48.21; *1Enoque* 1.9; 56.5-8). A principal contribuição desses escritos é o desenvolvimento veterotestamentário dos temas e figuras de linguagem apocalípticos relativos aos acontecimentos do fim dos tempos, mais especificamente o momento apoteótico das batalhas que culminarão na vitória final de Deus sobre as hostes das trevas e do mal (v. Dn 2.36-45; 7.23-28; 12.1-4; Zc 14.1-21).[36]

[36]REID & LONGMAN, op. cit., p. 63-71.

O NT igualmente demonstra uma influência desse ambiente conceitual e literário, especialmente em seus ensinos apocalípticos.[37] A discussão aqui estará limitada ao discurso de Jesus no monte das Oliveiras (Mt 24.3-31; Mc 13.3-27; Lc 21.5-28) e ao Apocalipse (Ap 6.1-8; 12.7-17; 16.12-16; 19.11-21; 20.7-10). De acordo com o tema desenvolvido neste capítulo, iremos concentrar-nos nos elementos da guerra de Javé cujas raízes se encontram no AT. Se esses elementos existem, até que ponto se pode dizer que a guerra de Javé tem contínua relevância para os tempos escatológicos e, quem sabe, até mesmo para a atual era da Igreja?[38]

Quando os discípulos perguntaram a Jesus acerca da destruição do templo de Herodes, do sinal de sua segunda vinda e da consumação do presente século (Mt 24.3), ele iniciou um discurso referente aos acontecimentos que terão lugar antes que chegue o fim.[39] A destruição do templo no ano 70 d.C. seria apenas uma amostra da traumática devastação final que está reservada para o mundo no fim desta era. Dentre os indicadores do fim ou da proximidade deste, constam fomes e terremotos (Mt 24.7; Mc 13.8; Lc 21.11), o surgimento de falsos profetas (Mt 24.11; Mc 13.22), sinais e maravilhas, como o escurecimento do Sol (Mt 24.24,29; Mc 13.24; Lc 21.25), a aparição de anjos com trombetas (Mt 24.31; Mc 13.27), uma grande tribulação sem precedentes na história mundial (Mt 24.21; Mc 13.19; Lc 21.23), o "abominável da desolação" ou "o sacrilégio terrível" (Mt 24.15; Mc 13.14) e o sinal do "Filho do homem" (Mt 24.30; Mc 13.26; Lc 21.27).

É significativo que Jesus, num discurso tão longo, não faça alusão a nada que se assemelhe à guerra de Javé no AT, ainda que apresente a nítida descrição de uma era de incrível perseguição e angústia. Mesmo o relato de Lucas, que menciona um conflito militar, dificilmente estaria retratando uma guerra de Javé. Só se pode concluir, com base nos ensinos de Jesus, que essa guerra, embora comum no AT, não tem lugar — pelo menos legítimo — na era da Igreja.[40] O mesmo se verifica nas

[37] T. R. Hobbs, *A Time for War: A Study of Warfare in the Old Testament* (Wilmington: Michael Glazier, 1989), p. 208-33.

[38] V. esp. Reid & Longman, op. cit., p. 92-118; I. Howard Marshall, New Testament Perspectives on War, *EvQ* 57 (1985): 115, 117.

[39] Reid & Longman, op. cit., p. 126-7.

[40] Longman, The Divine Warrior, p. 292-302.

epístolas do NT. Há uma abundância de termos militares, mas quase sempre usados como figuras de linguagem na descrição do conflito na esfera espiritual (1Co 9.26; 2Co 7.5; 10.3; 1Tm 1.18; 6.12; 2Tm 2.4; 4.7).[41]

Entretanto, o Apocalipse descreve várias cenas de uma guerra de Javé, que será travada nos moldes do AT.[42] Durante a grande tribulação, cavaleiros saem montados em seus cavalos, que simbolizam a conquista, o massacre, a fome e a morte, e causam destruição na terra (Ap 6.1-8). Obviamente, são agentes do Todo-poderoso, pois é o Cordeiro quem abre os selos de juízo, permitindo que essa aterrorizante destruição aconteça (6.1). As cenas procedem das visões apocalípticas do profeta Zacarias no AT, que previu o domínio de Javé sobre a terra em termos extremamente militaristas (Zc 1.7-11; 6.1-8).

A cena da batalha registrada em Apocalipse 12.7-17 é ainda mais exata na identificação dos combatentes. Um "enorme dragão vermelho" (v. 3), identificado mais tarde com "o Diabo ou Satanás" (v. 9), tenta destruir o filho de uma mulher que está para dar à luz. Antes que ele seja bem-sucedido em sua investida, porém, a criança é arrebatada ao céu (v. 5). Nesse ínterim, a mulher é sustentada no deserto por três anos e meio (v. 6). Depois disso, o arcanjo Miguel e os exércitos dos céus entram em guerra contra Satanás. Este é derrotado e lançado à terra, mas ainda não está destruído, pois começa a perseguir a mulher e seus descendentes. Esse relato esclarece que o conflito entre o justo e o ímpio na terra — seja na esfera física (como no AT), seja na esfera espiritual (como no NT) — é um desdobramento histórico, terreno, do conflito entre Deus e Satanás na esfera cósmica.

A famosa batalha do Armagedom, que será travada no final do período da grande tribulação, é apresentada em Apocalipse 16.12-16 e detalhada em 19.11-21. No primeiro texto, o dragão expele de sua boca espíritos demoníacos que reúnem os exércitos da terra para guerrearem na "batalha do grande dia do Deus todo-poderoso" (v. 14). O local da batalha é Armagedom (v. 16), evidentemente o mesmo lugar do conflito descri-

[41]Ibidem, p. 302; Marshall, New Testament Perspectives on War, p. 118.

[42]Adela Y. Collins, The Political Perspectives of the Revelation to John, *JBL* 96 (1977): 246-8; Hobbs, op. cit., p. 233; Reid & Longman, op. cit., p. 180.

to em 17.13,14 e 19.11-21. No relato desse último texto, o Guerreiro celestial, aqui identificado com a "Palavra de Deus" e o "Rei dos reis e Senhor dos senhores" (v. 13,16), desce montado num cavalo branco, tendo em sua companhia os exércitos dos céus. Ele vem para reinar sobre a terra (v. 15), mas para tanto precisa esmagar os exércitos humanos reunidos sob a liderança da besta e do falso profeta (v. 20; v. 11.7; 13.1; 16.13). Ele assim o faz e, em seguida, instaura seu reino de mil anos (20.4-6). Não há dúvida de que essa é uma versão apocalíptica da guerra de Javé, pois é iniciada e executada por Javé e resulta em seu triunfo e entronização.

Por fim, o auge do conflito de séculos entre Javé e os exércitos do mal se dá após o Milênio, em outra edição da guerra de Javé (20.7-10). Satanás, ao ser solto de seu confinamento de mil anos, fará sua última tentativa de usurpar a soberania divina e derrotar o povo de Deus, mas sem proveito. Ele e suas hostes serão destruídos nessa batalha final, e todos os inimigos de Deus serão destinados ao castigo eterno (v. 11-14). Em seguida, serão criados novos céus e nova terra, nos quais os propósitos divinos de uma criação perfeita prevalecerão para sempre.

O CRISTÃO E A GUERRA DE JAVÉ

O ponto de vista até aqui apresentado é o da descontinuidade moderada — ou seja, a posição de que a guerra de Javé, do modo em que foi articulada no AT, não se justifica na era da Igreja, exceto em termos espirituais. Contudo, os textos escatológicos do NT oferecem uma clara evidência de uma retomada da guerra de Javé no fim dos tempos, a qual deve ser entendida em seu sentido físico e espiritual. Portanto, a guerra de Javé descreve a luta de séculos entre o soberano Deus de Israel e da Igreja, por um lado, e do Diabo e suas hostes demoníacas e humanas, por outro. Ela ora é expressa de modo aberto, físico e histórico, ora de modo figurado e simbólico (na era atual). O abuso dessas distinções dispensacionais ou mesmo a confusão entre elas têm gerado muitos problemas no que se refere à questão do relacionamento entre o cristão e a guerra. Somente alguns desses problemas podem receber um tratamento nesta obra, assim mesmo de forma sucinta.

A guerra e o Novo Testamento

Quando se faz uma análise cuidadosa dos evangelhos, tem-se a irresistível impressão de que ali está o fundamento do pacifismo. Jesus não recomendou a violência, não a promoveu de maneira alguma nem foi conivente quando seus seguidores se mostraram inclinados a fazer uso dela. Jesus, porém, nunca condenou sistematicamente a guerra. Na realidade, ele admitiu sua inevitabilidade com relação à experiência humana e aos instrumentos para o cumprimento dos propósitos escatológicos de Deus (Mt 22.7; Lc 11.21,22; 14.31,32; 19.27). O mesmo se pode dizer dos apóstolos, ainda que com um pouco mais de ambivalência (1Co 9.7; 14.8; 2Tm 2.4; Hb 7.1). Paulo, em especial, reconhece a importância do governo humano no estabelecimento e na manutenção da ordem pública e admite que a guerra às vezes é necessária para a concretização dessa finalidade (Rm 13.1-7). E ele até vai mais longe, recomendando submissão aos governantes, o que seguramente envolve o dever de pegar em armas e contribuir de outras maneiras para o bem da sociedade (Tt 3.1). Todavia, nem Jesus nem os apóstolos autorizam ou legitimam o que denominamos guerra de Javé, por entender, obviamente, que nos "tempos dos gentios" tal opção é imprópria e desnecessária.[43]

O cristão e o pacifismo

Na história da cristandade, a atitude em relação à guerra varia de um extremo de absoluta recusa a pegar em armas a outro extremo de grandes iniciativas militaristas, tais como as Cruzadas, empreendidas sob uma alegada autorização divina no espírito da guerra santa da Bíblia.[44] A maioria dos cristãos resiste a ambos os extremos e se sente bem sustentando a noção de "guerra justa" ou, pelo menos, guerra em legítima defesa de seu país.[45] O ponto de vista sustentado neste ensaio

[43]Marshall, New Testament Perspectives on War, p. 99-113.

[44]Susan Niditch, *War in the Hebrew Bible: A Study in the Ethics of Violence* (New York: Oxford University Press, 1993), p. 4-5; Craigie, op. cit., p. 27-8.

[45]Craigie, op. cit., p. 52-3; Niditch, op. cit., p. 25-7; Derek Kidner, Old Testament Perspectives on War, *EvQ* 57 (1995): 108.

é de que o cristão, numa situação dessas, não deve se orientar pelos princípios e exemplos da guerra de Javé no AT, pois eles são relevantes apenas para a teocracia israelita e se aplicam primordialmente à expropriação ou aniquilação dos povos cananeus que ocupavam ilegalmente a terra da promessa. Muito menos pode o cristão apelar para textos escatológicos, os quais, repetimos, em nossa opinião estão relacionados — pelo menos inicialmente — com o reajuntamento de Israel e, posteriormente, com a era milenar.

Dito isso, preferimos pender para o lado dos que entendem ser o cristão um cidadão de dois reinos — o terreno e o celestial — com seus respectivos privilégios e responsabilidades. Num mundo decaído, isso às vezes significa que o cristão deve brandir a espada em defesa da família e do país, num reconhecimento do fato de que "as autoridades [humanas] que existem foram por ele [Deus] estabelecidas" (Rm 13.1; grifo do autor). A pressuposição para todos os casos deve ser, naturalmente, de que a causa da guerra seja correta e justa, pois para o cristão há uma autoridade superior e uma declaração moral que afirma: "É preciso obedecer antes a Deus do que aos homens!" (At 5.29).

O cristão e o genocídio

O termo "genocídio" (lit. "extermínio de um povo") passou a fazer parte do vocabulário popular na segunda metade do século passado, primeiramente por causa de sua aplicação ao extermínio programado do povo judeu pelo nazismo alemão. Dentre outros exemplos, menos conhecidos, incluem-se o massacre de milhões de armênios pelos turcos, a matança de russos e chineses promovida pelos próprios compatriotas e a "limpeza étnica" empreendida nos Bálcãs, na África Central e em outras regiões do mundo. O que raramente se admite (ou mesmo se entende) é que a guerra de Javé, com seu *ḥerem*, também constituía genocídio, tanto na teoria quanto na prática.

A questão, portanto, não é se o genocídio é intrinsecamente bom ou mau — a sanção de um Deus santo resolve essa discussão. Em vez disso, a questão diz respeito ao propósito do genocídio, com seu iniciador e com as circunstâncias específicas de sua aplicação. Defendemos aqui que o genocídio bíblico era parte da política da guerra de Javé, decretado para uma situação única, empreendido contra determinado povo e de acordo com o caráter do próprio Deus — política cujo desígnio está além da compreensão humana, mas que nem por isso é injusto ou imoral. Essas mesmas restrições impedem qualquer possibilidade de se justificar o genocídio nos dias atuais, independentemente do motivo.

O CRISTÃO E O *JIHAD*

O termo "guerra santa" ganhou renovada popularidade com a ascensão da militância islâmica e as reivindicações, em alguns de seus segmentos, de que as atividades terroristas praticadas em seu nome recebem a chancela *jihad*. Embora alguns argumentem que o termo árabe não significa nada além de luta espiritual íntima, ou coisa semelhante, o consenso da erudição afirma que essa palavra também é aplicável à ação beligerante, agressiva, em defesa da fé islâmica e por sua propagação.[46] A evidência da própria tradição alcorânica é conflitante. Algumas passagens do Alcorão defendem uma atitude pacifista diante da controvérsia (surata 15.94,95); outras permitem a guerra defensiva, particularmente contra os cidadãos de Medina que ameaçavam Maomé e seus seguidores procedentes de Meca (surata 22.39,40); outras ainda autorizam guerras ofensivas (surata 2.191,217). Finalmente — como ocorreu na conquista muçulmana do Oriente Médio, norte da África e Europa —, um *jihad* em larga escala foi ordenado como meio de propagação da fé (surata 2.16; 9.5,29). Esses pontos de vista variados refletem diferentes períodos na história e no desenvolvimento do islamismo.

O texto do Alcorão mais famoso em defesa do *jihad* é o da surata 9.5: "Quando os meses proibidos se passarem, lutai e matai os idólatras onde quer que os encontrardes, capturai-os, sitiai-os, e ficai à espreita para emboscá-los com todo tipo de estratagema [de guerra]; mas se eles se arrependerem e iniciarem a prática de orações regulares e pagarem as obrigações de donativos, então abri o caminho para eles, pois Deus é freqüentemente perdoador, misericordioso ao extremo".[47] À luz

[46]Firestone, Conceptions of Holy War in Biblical and Qur'anic Tradition, p. 108-15.
[47]Apud ibidem, p. 111-2.

de todo o ensino bíblico, uma coisa fica clara: seja cristã, seja muçulmana, a "guerra santa" não tem justificativa e por isso deve ser condenada. Só uma teologia defeituosa que falha em distinguir a guerra de Javé — em seu contexto singular — de qualquer outro tipo de conflito pode, talvez, defender suas conseqüências contínuas e devastadoras.

CONCLUSÃO

Um fator de fundamental importância a ser considerado na análise sobre o problema da guerra de Javé, e sua conseqüência natural no uso do *ḥerem* ou genocídio, é a natureza de Deus, pois foi ele, segundo o texto sagrado, que a concebeu, incentivou, implementou e dela se beneficiou. Contudo, é impossível obter uma compreensão total dessa natureza, de modo que devemos nos contentar com a síntese teológica de que Deus é santo, correto, inculpável e justo, mas também benigno, misericordioso e pronto a perdoar. Esses traços exclusivos e evidentes do caráter de Deus coexistem mutuamente no registro bíblico sem uma solução humanamente inteligível. Portanto, o dilema moral e ético da guerra de Javé também deve permanecer sem uma explicação racionalmente satisfatória. O máximo que se pode dizer, correndo-se o risco de cair num jargão, é que, se Deus é tudo o que Bíblia diz ser, então tudo o que ele faz deve ser bom — e isso inclui autorizar o genocídio.

Contudo, deve-se prontamente reiterar que o genocídio sancionado pelas Escrituras Sagradas foi único quanto a seu momento, lugar e circunstâncias. Não se pode reportá-lo à era da Igreja. Na verdade, tem de permanecer hoje na condição de arma não utilizada no arsenal de um Deus soberano, até que ele venha em poder e glória para estabelecer seu reino eterno. Nesse dia, ele desembainhará sua espada e, numa demonstração decisiva e tremenda de sua ira justa, triunfará sobre todos os que resistem ao seu senhorio. Só então a paz prevalecerá, e a prática da guerra será relegada a um passado esquecido.

Réplica do ponto de vista da

DESCONTINUIDADE RADICAL

a Eugene H. Merrill

C. S. Cowles

Um antigo aluno meu partilhou comigo a história triste de seu pai, dedicado líder leigo de uma igreja evangélica, que na meia-idade dispôs-se a ler toda a Bíblia pela primeira vez. Inicialmente, ele ficou surpreso, depois chocado e, finalmente, irritado com a freqüência e a ferocidade da violência instigada por Deus no AT. Ao chegar à metade do livro de Jó, fechou a Bíblia para nunca mais abri-la. Desde então, nunca mais pôs os pés em uma igreja.

Esse homem chama-se Multidão. É verdade que nem todos os que tiveram experiência semelhante deixaram sua igreja ou abandonaram a fé, porém muitos perderam completamente a disposição de ler o AT. Isso não é de admirar, pois, como Eugene Merrill admite, "a narrativa bíblica, desde Adão até o cronista, está banhada em sangue, com assassinatos e guerras". Em seguida, Merrill impõe a si mesmo uma tarefa praticamente impossível de cumprir: justificar a guerra de Javé, que inclui o genocídio cananeu, "à luz do caráter integral de Deus".

Quando lemos esses "textos de terror" referentes ao genocídio, não podemos fingir que Jesus nunca veio ao mundo. Nele vemos, sem distorções, a completa "imagem do Deus invisível" (Cl 1.15). Conseqüentemente, ao ler o AT através da lente da revelação de Deus revelada em Jesus, chegamos à conclusão de que a defesa articulada por Merrill dos fundamentos lógicos de Moisés para a destruição dos cananeus é insustentável.

O GENOCÍDIO CANANEU ERA UMA NECESSIDADE PRÁTICA

A justificativa para a aniquilação dos cananeus, citada com mais freqüência em Deuteronômio e Josué, tal como reiterada por Merrill, era a necessidade de purificar a terra, eliminando seus habitantes idólatras, para que os israelitas não se tornassem espiritualmente corruptos. A teoria é que os israelitas eram moralmente superiores aos habitantes de Canaã. Contudo, se existe algo que pode ser comprovado naqueles 40 anos de vida errante no deserto é o fato de que os israelitas eram tão inclinados à idolatria, à imoralidade e à maldade quanto seus vizinhos. Mesmo que se tivessem tornado um povo verdadeiramente santo e fossem bem-sucedidos em expurgar da terra toda a influência cananéia, ainda assim estariam cercados por nações idólatras, correndo todos os riscos de um possível contato e corrupção. Isso de fato ocorreu muitas vezes na história subseqüente de Israel, como na importação de esposas estrangeiras por Salomão — junto com as práticas idólatras dessas mulheres — caso de maior notoriedade.

A "teoria da terra saneada" apresenta uma visão imprópria do Deus de Israel. Seria quase a confissão de que, numa competição livre e aberta com a religião cananéia, a adoração a Javé perderia a concorrência. Diante disso, a única solução era acabar com a competição pelo extermínio. De qualquer maneira, a campanha do *ḥerem* finalmente fracassou. Os cananeus foram dizimados, mas não destruídos. A idolatria não foi erradicada. E os israelitas não foram preservados da contaminação moral e espiritual. O que poderia ser mais moralmente decaído e espiritualmente corrupto do que a matança de homens, mulheres e crianças? O holocausto cananeu está no banco dos réus pela tentativa de alcançar, preservar e impor a santidade por meios coercivos.

O GENOCÍDIO CANANEU PRENUNCIAVA A SOBERANIA DE DEUS

Merrill manifesta uma preocupação com a "proteção" e a "celebração" da soberania de Javé, as quais só se concretizariam por meio da "total erradicação" dos "promotores e praticantes da adoração a outros deuses". Essa versão do Deus de Israel projeta a imagem de um tirano inseguro, presunçoso como Herodes, o Grande, cuja paranóia o induziu a exterminar todos os seus concorrentes, reais e imaginários, incluindo a própria esposa, Mariana, três filhos e todos os meninos, de dois anos para baixo, nascidos em Belém.

Uma visão tão inferior da soberania de Deus não encontra nem mesmo paralelo em tudo o que Jesus foi e fez. Ele preocupou-se muito pouco em exercer sua soberania, pois, embora existisse eternamente "em forma de Deus", Jesus "a si mesmo se esvaziou, assumindo a forma de servo" (Fp 2.6,7, ARA). Jesus não ameaçava, não coagia ninguém à obediência: nem o jovem rico, nem seus discípulos indecisos, nem os samaritanos recalcitrantes, nem mesmo Judas. Muito menos ordenou a aniquilação de escribas, fariseus, sumos sacerdotes com suas esposas e filhos ou de todos os habitantes de suas cidades.

O Deus revelado em Jesus não é um ditador onipotente que segue seu mirabolante "plano secreto" (João Calvino), a despeito de quantas cidades são destruídas e de quantos povos são exterminados. Seu jeito de ser no mundo não é o de um déspota genocida. Ao contrário, é o de um Servo e Criador, que dá vida e a intensifica. Ele é o Senhor onipotente, mas sua soberania é a do auto-esvaziamento, do amor cruciforme.

O GENOCÍDIO CANANEU ERA PARTE DA ESTRATÉGIA DE SALVAÇÃO DIVINA

"A razão [da implementação da guerra de Javé] é clara", afirma Merrill. "Israel era o povo eleito de Deus, escolhido não somente para ser o interlocutor da mensagem de salvação ao mundo, mas também para servir de agente divino no cumprimento da vontade de Deus na terra." "Que 'mensagem de salvação'?", poderíamos perguntar. Será que os cananeus puderam ouvi-la enquanto eram cortados em pedaços e lançados ao fogo pelos israelitas? O que eles poderiam concluir acerca do caráter do Deus de Israel, senão que ele era mais perverso, cruel e impiedoso que Baal, Camos, Moloque ou qualquer um de seus deuses? Ao destruir os cananeus, os israelitas traíram a própria vocação: segundo a aliança, eles seriam aqueles por meio de quem "todos os povos da terra serão abençoados" (Gn 12.3). Isso causou uma mancha negra na história da salvação que permanece até hoje.

O GENOCÍDIO CANANEU EXIBIU O PODER E A GLÓRIA DE DEUS

"O valor pedagógico da guerra de Javé", declara Merrill, "é que a demonstração de poder e da ira de Deus, por um lado, e de graça e glória, por outro, levaria Israel e as nações da terra a reconhecer a soberania de Deus". O registro bíblico indica o contrário. Em vez de redundar em glória para Deus, como Moisés esperava, acabou por desonrar, manchar, profanar, distorcer e depreciar a imagem de Deus, a tal ponto que o nome de Deus "é blasfemado entre os gentios" (Rm 2.24) até os dias de hoje. Não há uma única nação que tenha sido atraída pelo Deus de Israel, e nenhum povo foi motivado a fazer um juramento de lealdade à soberania de Javé.

Não há salmos compostos com a finalidade de celebrar o extermínio dos cananeus nem hinos que exaltem a matança dos amalequitas. Não há feriados comemorativos da conquista de Canaã. Pais judeus e cristãos tapam os olhos dos filhos para que não vejam os textos que retratam o *ḥerem*. Pastores evitam-nos em suas pregações. Professores e expositores da Bíblia fazem rodeios em torno desse insolúvel problema teológico e moral. O genocídio cananeu é constrangedor para os cristãos sensíveis e ultrajante para os não-cristãos.

O GENOCÍDIO CANANEU ERA UM ATO DE JUSTIÇA E SANTIDADE

"O fato de Israel ser a única nação eleita encarregada desse privilégio e dessa responsabilidade estarrecedores", alega Merrill, "significa que só essa nação poderia levar a cabo a guerra de Javé como ato de justiça". O que vem a ser isso? Quer dizer que aquele massacre vergonhoso de seres humanos — bebês e criancinhas, fetos no útero da mãe, doentes, idosos, deficientes mentais e físicos, paralíticos e cegos — era um "estarrecedor privilégio", um "ato de justiça"? Nesse caso, perguntamos pasmados: "Como poderia ser um 'ato de injustiça'?". É impossível imaginar que os israelitas da Antiguidade ou judeus de hoje, ao voltar os olhos para o extermínio dos cananeus no passado, o considerem um "estarrecedor privilégio", muito menos sejam gratos a Deus por terem introduzido a ideologia e a prática do *ḥerem* na história mundial. Se algum dia houve um exemplo de iniqüidade genocida dos pais visitada nos filhos, certamente foi o trágico caso dos judeus.

O mais incompreensível na defesa multifacetada do "genocídio bíblico", proposta por Merrill, é a alegação de que "a questão [...] não é se o genocídio é intrinsecamente bom ou mau — a sanção de um Deus santo resolve essa discussão".

Ele prossegue, asseverando que o genocídio está "de acordo com o caráter do próprio Deus" e que não "é injusto ou imoral", visto que "tudo o que ele faz deve ser bom — e isso inclui autorizar o genocídio".

Se, por alguma razão, a matança indiscriminada de seres humanos pode ser considerada ato "bom" e "justo" e se a santidade da vida humana estabelecida na Criação, confirmada após o Dilúvio, reforçada no sétimo mandamento, reiterada por todos os profetas e encarnada em Jesus — se tudo isso pode ser desprezado por causa de uma suposta autorização divina para o genocídio —, então todos os absolutos morais e éticos são inválidos, todas as distinções entre o mal e o bem perdem o sentido e todas as declarações do amor de Deus e sua compaixão não passam de cruel desilusão. Isso representaria uma alteração definitiva na linguagem humana e tornaria praticamente impossível a existência do significativo discurso teológico.

O que está ausente nesse retrato horripilante de um Deus destruidor, feito por Merrill, é a menção àquele amor *agapē*, com o qual Deus ama "o mundo" — um amor tão grande que abrange tudo, de maneira tal que ele "deu o seu Filho Unigênito" (Jo 3.16). O que falta em toda essa exaltação de algo que a Convenção de Genebra classifica como "crimes contra a humanidade" é algum indício de um Deus "que deseja que todos os homens sejam salvos e cheguem ao conhecimento da verdade" (1Tm 2.4). Chega a ser duramente espantoso, pois o genocídio, em qualquer tempo, de qualquer forma e por qualquer razão, é absolutamente antagônico ao amor. É estranho à natureza do Deus revelado em Jesus, que "não [quer] que ninguém pereça, mas que todos cheguem ao arrependimento" (2Pe 3.9). Isso está em total contradição com tudo o que Jesus representou e ensinou, conforme Merrill abertamente admite.[1]

Qualquer estrutura teológica que não evidencie a centralidade da cruz, a despeito da quantidade de textos bíblicos nela inseridos e organizados, não é só anticristã, como também perigosa. Isso porque abrirá precedentes a idênticos derramamentos de sangue e de atrocidades, que levaram o

[1]"Jesus não recomendou a violência, não a promoveu de maneira alguma nem foi conivente quando seus seguidores se mostraram inclinados a fazer uso dela".

evangelho a cair em descrédito no passado, e facilitando a vida dos que gostam de torcer a Palavra de Deus para justificar atos horrendos de assassinato e devastação, no presente e no futuro.

Desde os tempos do NT até o presente, a Igreja tem-se gloriado nas boas-novas de que em Jesus, e somente nele, temos o " 'Emanuel', que significa 'Deus conosco' " (Mt 1.23). Durante 2 mil anos, a ortodoxia cristã tem declarado que o apóstolo João estava correto ao afirmar categoricamente que "Deus é amor" (1Jo 4.8,16), que em Cristo e em sua cruz vemos plenamente demonstrada a atitude de Deus para com os pecadores e que "todo aquele que permanece no amor permanece em Deus, e Deus nele" (v. 16).

Réplica do ponto de vista da

CONTINUIDADE ESCATOLÓGICA

a Eugene H. Merrill

Daniel L. Gard

Eugene Merrill tem um ponto de vista interessante sobre a "guerra de Javé" por meio do dispensacionalismo. Dou valor a muitos dos argumentos que ele desenvolve e à maneira respeitosa em que aborda os livros da Bíblia. Ainda que discorde de sua interpretação milenarista dos textos escatológicos, realmente não faço disso um pretexto para sobrepor minha interpretação como se fora "neutra", e a dele, "milenarista". Em minha opinião, é impossível interpretar qualquer texto, mesmo as Escrituras Sagradas, de maneira absolutamente neutra. Todos nós trazemos um conjunto de pressupostos — formulados explícita ou implicitamente em torno de princípios confessionais — que influenciam nossa interpretação. Isso é válido tanto para os que procedem da escola amilenarista quanto para os que provêm das tradições milenaristas.

Contudo, Merrill e eu chegamos à mesma conclusão de que é inaceitável, para qualquer nação, praticar o genocídio em nome de Deus contra outra nação. Só o antigo Israel pôde fazê-lo, e, na ocasião, apenas quando Deus ordenou. Divirjo de Merrill não quanto a essa conclusão, mas com respeito às implicações que levam à compreensão de Deus no passado, no presente e no futuro.

TEOLOGIA PRÓPRIA

Como ponto de partida, devemos começar com a própria teologia — ou seja, pela reflexão sobre o próprio Deus. Merrill enuncia uma interessante proposição ao afirmar que "a santidade de Deus não subsiste no vazio, como uma qualidade puramente abstrata. Ele é santo porque se mantém separado daquilo que não é. Na realidade, sua santidade está em oposição a tudo e a todos os que não possuem sua perfeição". De fato, é possível falar dos atributos divinos de forma negativa (características imperfeitas encontradas nos seres humanos que não podem ser atribuídas a Deus) ou positiva (qualidades encontradas nos seres humanos que são atribuídas a Deus em grau máximo e absoluto).

Dentre os atributos positivos de Deus, está a santidade. Essa santidade, pela qual Merrill inicia sua discussão sobre os inimigos de Deus, não deriva de comparações com a Criação. Muito antes de criar qualquer coisa visível ou invisível, Deus já era santo. Quando ele destruir Satanás e seus súditos no último dia e não sobrar mais nada mau, com o que se possa estabelecer uma comparação, ainda continuará a ser santo. Isso ocorre porque a santidade é inseparável da essência divina.

Dito isso, a questão mais importante não é tanto a razão por que algumas nações foram destruídas, e sim o motivo de não serem destruídas todas as nações, incluindo Israel. Pelo padrão de santidade de Javé, nem mesmo o ser humano mais justo pode ser deixado vivo. Merrill está correto ao afirmar que "os que foram submetidos ao juízo da guerra de Javé de fato o mereciam, já que sua condição de rebelião — a despeito do que acontecesse — não deixava alternativa". Nesse ponto, porém, ele não desenvolve as implicações de sua alegação. Não só os que foram submetidos ao juízo da guerra de Javé o mereciam, como também todos os seres humanos, uma vez que por causa do pecado todos permanecem em oposição à santidade de Deus.

Outro atributo essencial de Deus deve entrar em cena aqui. Esse atributo (de novo, um atributo positivo) é o amor de Deus. Sinônimos de seu amor são: misericórdia, graça, longanimidade e paciência. Foram esses atributos que buscaram e ofereceram a salvação ao mundo. São os mesmos atributos que pouparam Israel da aniquilação total quando o Deus de Israel guerreou contra seu próprio povo. Esses são os atributos que por ora detêm o dia do julgamento final, no qual todos os que estão em oposição à santidade de Javé sofrerão o mais terrível e derradeiro *ḥerem*. Há muito mais em jogo que "a reputação e a soberania de Deus". Tais atributos ultrapassam a compreensão dos aspectos mais malignos da Criação, visto que envolvem a própria natureza do Criador.

A continuidade da existência das nações rebeldes não pode ser explicada do ponto de vista da santidade, da soberania e da reputação de Deus. As nações que se opunham a Israel e foram exterminadas mereceram o destino que tiveram. Contudo, todas as outras nações — daquele tempo e da atualidade — merecem o mesmo destino. Até mesmo Israel merecia idêntico fim. Não é só a justiça de Deus que está em operação nas narrativas de guerra, mas também sua misericórdia, que permite à família humana continuar a existir.

A GUERRA DE JAVÉ

É nesse aspecto que eu concordaria e discordaria de Merrill em sua avaliação da guerra de Javé, desenvolvida em quatro pontos. Esta certamente era necessária por causa da dureza de coração do inimigo, da proteção de Israel, da erradicação da idolatria e da educação de Israel e das outras nações. No entanto, mais que isso, a guerra de Javé era uma preparação para que Israel desse à luz o Salvador — não apenas de Israel, mas de todos os filhos de Adão.

Antes de sair desse ponto, divirjo respeitosamente da avaliação de Merril acerca das implicações da "erradicação da idolatria". Ele afirma que, "embora teoricamente o paganismo possa existir no abstrato, ou seja, separado de seus proponentes, na experiência de Israel a idolatria sempre estava associada a povos e nações com os quais tinha contato — essa é a razão pela qual a erradicação da idolatria dependia da destruição daquelas nações". Gostaria de lembrar que a falsa religião não pode existir no abstrato, alheia aos seus proponentes, visto que o deus que eles adoram não existe, exceto em sua imaginação. Enquanto a essência do verdadeiro Deus procede dele mesmo (aqui também se inclui a santidade, antes mencionada), os ídolos são o produto desenvolvido por uma humanidade corrompida.

A idolatria configurou-se muito além do convívio de Israel com outras nações. Ela também se originou dentro do próprio Israel. Por isso, Deus enviou profetas para advertir o povo e usou nações estrangeiras (p. ex., Babilônia) para castigá-los sem destruí-los. Entretanto, a destruição das nações não seria suficiente para remover a idolatria. Esta continuou a existir — e ainda existe nos dias atuais.

A RELAÇÃO ENTRE OS TESTAMENTOS

O trabalho de Merrill proporciona algumas perspectivas interessantes sobre a relação entre o AT e o NT. Ao analisar o discurso proferido no monte das Oliveiras, ele afirma: "É significativo que Jesus, num discurso tão longo, não faça alusão a nada que se assemelhe à guerra de Javé no AT, ainda que apresente a nítida descrição de uma era de incrível perseguição e angústia". Todavia, antes disso ele afirma que "a batalha de retaliação contra os midianitas (Nm 31.1-24) sem dúvida também é guerra de Javé, ainda que a linguagem técnica esteja ausente na maior parte do texto". Se essa é a situação em Números 31.1-24, e não discordo que seja, então pode ser também a situação referida no discurso do monte das Oliveiras. O estilo e as figuras de linguagem da literatura intertestamentária, que permeiam as descrições apocalípticas do NT, lançam mais luz sobre as imagens da "guerra de Javé" retratada no ensino escatológico de Jesus. Em minha opinião, as palavras de Jesus não se referem a outra coisa que não a cataclísmica guerra santa final que culmina no último e terrível *ḥerem*.

Já afirmei que não creio ser possível interpretar um texto bíblico de modo absolutamente neutro. Eugene Merrill dá um exemplo disso, e eu, em contrapartida, daria igualmente minha interpretação pré-formada. Merrill segue a interpretação milenarista clássica sobre o fim dos tempos. Ele aborda o livro de Apocalipse como uma obra repleta de símbolos apocalípticos. Concordo plenamente com essa abordagem, visto que o Apocalipse canônico tem muito do estilo e das figuras de linguagem de outras obras do gênero. Entretanto, é interessante que a referência aos mil anos, inserida naquilo que juntos concordamos ser linguagem simbólica, é interpretada literalmente. Não deveria essa referência ser entendida simbolicamente, como sugere a linguagem do livro?

Essa questão obviamente reflete os diferentes fundamentos hermenêuticos do milenarismo e do amilenarismo. Não acredito que eu consiga resolver esse problema aqui. Os leitores podem valorizar a clara explicação dos textos em questão, baseada em um conjunto de princípios interpretativos dos quais o leitor talvez venha a discordar.

AS QUESTÕES ÉTICAS

É tão surpreendente, entretanto, que concordo plenamente com as conclusões de Merrill no que concerne às questões éticas que se colocam diante do cristão. Ele abertamente conclui que o cristão não se pode orientar "pelos princípios e exemplos da guerra de Javé no AT". Ele assevera, com muita propriedade, que esses princípios se aplicam apenas à "teocracia israelita".

Mais adiante, Merrill adverte contra os apelos cristãos para textos escatológicos. Concordo inteiramente, embora por motivos bem diferentes. Segundo meu ponto de vista, esses textos não se aplicam a um Israel reajuntado nem a uma era milenar. Ao contrário, aplicam-se ao último dia, àquele momento em que o tempo se encerra e Jesus volta com seus anjos como o supremo e último Juiz. Nesse aspecto da ética dos que aguardam a volta de Cristo, os dois diferentes sistemas escatológicos (milenarista e amilenarista) encontram um ponto de concordância.

Agradeço ao dr. Eugene Merrill a ilustre contribuição prestada a esse tema. Embora não concorde com ele teológica e hermeneuticamente em alguns pontos, valorizo seu ponto de vista sobre essa difícil questão.

Réplica do ponto de vista da

CONTINUIDADE ESPIRITUAL

a EUGENE H. MERRILL

TREMPER LONGMAN III

O ensaio de Merrill caracteriza-se por seu costumeiro cuidado e precisão exegéticos. Ele também sintetiza o material exegético muito bem, demonstrando sua perspicácia como teólogo. Na verdade, creio que não há grandes diferenças entre a perspectiva defendida pelo dr. Merrill e a minha. Isso talvez exemplifique o fato de que o divisor de águas entre os dispensacionalistas (tradição teológica de Merrill, que é professor no Seminário Teológico de Dallas) e a teologia aliancista, que represento, não é tão grande e intransponível como costumava ser. Em parte, porque muitos dispensacionalistas atualmente reconhecem que há considerável continuidade entre o AT e o NT, ao passo que muitos teólogos aliancistas, a exemplo de Meredith Kline e de mim, estão abertos a considerar as descontinuidades. Certamente continuam a existir diferenças — e há os da linha dura em ambos os lados —, mas nesse tema em particular o dr. Merrill e eu concordamos consideravelmente.

Acima de tudo, fiquei impressionado e aprendi com as reflexões de Merrill acerca do relacionamento entre a aliança e a guerra santa. Quero pensar um pouco mais sobre o assunto antes de dar meu completo aval, mas parece que há muita verdade na afirmação de que

> foi só depois do estabelecimento de Israel como nação, após a revelação, que a guerra de Javé se tornou não apenas uma mostra do poder e graça redentores de Deus a favor de seu povo, mas

também parte do próprio relacionamento da aliança. A partir de então, Israel não só testemunharia os feitos poderosos de Deus como Guerreiro celestial, como também se engajaria na missão de levá-los a efeito.

Também achei interessantes e importantes seus comentários de que a guerra de Javé, em primeiro lugar, caracterizava-se por guerras contra "deuses imaginários" de nações pagãs. Contudo, talvez seja ir longe demais insinuar que essas guerras sejam deicídios, em vez de homicídios. Afinal, um número enorme de seres humanos foi morto. Não parece que Merrill use isso como escapatória para esse problema ético do AT. Ao contrário, ele admiravelmente fundamenta a justificativa da participação de Deus na guerra em atributos divinos, como "a onipotência, a sabedoria infinita e, acima de tudo, a santidade". Ele o faz com o objetivo de não divorciar esses atributos de outros, como "amor, graça, misericórdia e longanimidade".

Mesmo assim, não me foi totalmente satisfatória a explicação, que eu esperava ser muito clara, do motivo pelo qual os cananeus foram objeto da ira bélica de Deus, num grau de intensidade que os egípcios não experimentaram. Não discordo totalmente, porque ele chama a atenção, com muito acerto, para algumas passagens que mencionam o pecado específico dos cananeus e, no caso de Gênesis 15.16, a paciência que Deus ainda teve com eles. Além disso, considerar os cananeus posseiros, e não proprietários da terra, talvez seja correto em certo sentido, mas certamente eles não tinham a menor idéia de que a terra não era deles. Apesar de todas as nossas tentativas de justificar adequadamente a violência divina contra os cananeus, penso que, em última análise, temos de apelar para a sabedoria, santidade e onipotência de Deus (conforme Merrill sugere em outro lugar). Para nós, humanos, suas criaturas, o Deus guerreiro é um mistério, e, segundo descreve Isaías 28.21, seu juízo temporal é "obra muito estranha":[1] "O SENHOR se levantará como fez no monte Perazim, mostrará a sua ira como no vale de Gibeom, para realizar sua obra, obra muito estranha, e cumprir sua tarefa, tarefa misteriosa".

[1]Nesse aspecto, talvez o livro de Jó seja importante aqui. Jó discute o problema do sofrimento, mas deixa o leitor sem uma explicação. Ao contrário, o leitor, à semelhança de Jó, é aconselhado a submeter-se a uma Divindade misteriosa.

Eu também proporia um questionamento — ou pelo menos solicitaria uma explicação mais detalhada — o tópico que Merrill intitula "Israel: o instrumento divino". Creio que ele passa uma impressão errônea ao dizer que "o papel desempenhado por Israel na implementação da guerra de Javé requer atenção redobrada, porque *somente Israel recebeu autorização para executá-la nos tempos do AT*" (grifo do autor original). Será que isso é absolutamente verdadeiro? Afinal, Jeremias anuncia que o Deus guerreiro estaria à frente do exército babilônico na destruição do Israel que havia sido infiel à aliança (Jr 21.3-7). Daniel vê a mão de Deus agindo por trás de Nabucodonosor no primeiro cerco de Jerusalém (Dn 1.1-3). Isaías chega a chamar Ciro de messias, o "ungido" de Deus, porque ele comandaria um exército contra os opressores babilônicos (Is 45.1-7).

Se eu estiver certo quanto a isso, a fraqueza de um dos principais argumentos de Merrill contra a guerra santa atual (posição com a qual concordo, mas que defenderia com outros argumentos) fica, assim, demonstrada. Ele escreve: "Se nenhuma justificativa pôde ser dada para a guerra de Javé sem a participação de Israel nos tempos do AT, certamente não pode haver nenhuma justificativa para uma guerra santa nos dias atuais, seja em nome de Cristo, seja em nome de Alá, seja em nome de qualquer outra autoridade religiosa".

Apesar dessas discordâncias, Merrill e eu temos muito em comum. Ele alega, com muita propriedade, que os textos do AT não justificam a guerra de Javé nos dias de hoje, exceto em termos de um conflito espiritual (meu ponto de vista no cap. 4). Ainda assim, gostaria que ele tivesse explicado a natureza do conflito espiritual e o tivesse atrelado, explicitamente, às batalhas de caráter físico do AT, como tentei fazer. Merrill, ao contrário de Cowles, também introduz a perspectiva escatológica na questão e reconhece que o Cristo que há de vir retornará na figura de Juiz e Guerreiro (Ap 19.11-21).

É realmente possível que, ao entrarmos nos detalhes da interpretação de certas passagens apocalípticas, discordemos quanto a serem entendidas no sentido metafórico ou no sentido literal, porém Merrill e eu admitimos a possibilidade de ambos os sentidos.

1

O ponto de vista da

DESCONTINUIDADE RADICAL

C. S. COWLES

2

O ponto de vista da

DESCONTINUIDADE MODERADA

EUGENE H. MERRILL

3

O ponto de vista da

CONTINUIDADE ESCATOLÓGICA

DANIEL L. GARD

4

O ponto de vista da

CONTINUIDADE ESPIRITUAL

TREMPER LONGMAN III

O ponto de vista da

CONTINUIDADE ESCATOLÓGICA

DANIEL L. GARD

Genocídio. O extermínio programado de uma raça ou de um grupo de pessoas — ou ainda de uma nação. Em 1945, o mundo reagiu horrorizado diante das evidências de atrocidades cometidas pelos nazistas contra judeus, ciganos e outros. Em anos mais recentes, o mundo assistiu, em tempo real pelos canais de notícia de TV, aos horrores do genocídio em Ruanda e nos Bálcãs. Enquanto isso aos poucos se apagava da memória coletiva da população, quatro aviões foram seqüestrados em 11 de setembro de 2001, e três deles alcançaram o intento dos seqüestradores ao colidir com grandes prédios, resultando na perda de milhares de vidas. O ódio semeado entre os terroristas e a interpretação singular que eles dão à doutrina islâmica do *jihad* (mais conhecida no ocidente como "guerra santa") coloca o genocídio outra vez no centro das discussões. Em nome da religião, uma desgraça foi provocada para anunciar a intenção de exterminar um povo (os americanos) onde quer que eles se encontrassem.

Em face desse cenário tão atual, os leitores do AT deparam com o registro assustador do genocídio cometido por Israel sob o comando de Javé, seu Deus. A violência dessas cenas (para o leitor cristão) está em gritante contraste com a imagem de Jesus, o amável e bom Pastor. Em lugar de um quadro pastoril, no entanto, o que se vê em muitos textos do AT é Deus como o Guerreiro divino, sob cujo comando nações são destruídas. Apesar disso, algumas pessoas, a exemplo dos membros da Ku Klux Klan, usaram as narrativas de guerra do AT para justificar sua violência contra negros, judeus e outros mais.

Isso constitui um dilema moral para os cristãos que lêem o AT. Como ler e aplicar o AT? Como pôde um Deus de amor, conhecido nas páginas do NT como o Cordeiro de Deus, manso e humilde, ordenar essas práticas brutais? Será que devemos colocar uma barreira de isolamento entre o AT e o NT, para preservar a integridade de ambos? Haveria alguma correlação entre esses antigos relatos a respeito do povo de Deus (Israel) e a imagem divina do Salvador, tão predominante nos evangelhos?

Poucos reagiriam como Marcião, teólogo do século II, cujo dualismo levou-o a postular que o Deus do AT é inferior ao do NT. Não obstante, será que o genocídio do AT pode servir de justificativa para o genocídio dos que são considerados inimigos de Deus nos dias atuais?

Alguns eruditos respondem que a solução é ler os relatos de guerra do AT e, sem hesitação, considerá-los textos desprovidos de valor histórico. Para eles, tais escritos não passam de obras teológicas de gerações (muito) posteriores, que registram as lendas e os mitos de um povo. Dessa forma, são mais úteis para a análise da época em que foram produzidos que para a fundamentação histórica ou teológica. Entretanto, outros eruditos evangélicos, como no meu caso, precisam lidar com essas questões, porque afirmamos que esses relatos retratam acontecimentos históricos; não são meras reflexões tardias de autores judeus. A revelação não se dá apenas por intermédio da Palavra escrita, mas também por meio dos atos de Deus na História. Portanto, Deus revela-se até mesmo na brutalidade da guerra no passado.

Contudo, com o correr do tempo, as narrativas de guerra dos primeiros livros do AT realmente sofreram uma transformação em sua função teológica. Um estágio nesse desenvolvimento pode ser observado claramente em 1 e 2Crônicas, que foram escritos e incluídos bem mais tarde no cânon do AT e abrem acesso ao período intertestamentário e ao NT. Pode-se traçar uma trajetória que tem seu início nas narrativas mais antigas do AT, passa pelas narrativas de guerra de Crônicas, atravessa a literatura apocalíptica do período intertestamentário e chega às descrições do Cristo vitorioso no Apocalipse de João. É essa trajetória que nos ajuda a lidar com as questões apresentadas.

Minha abordagem fundamenta-se em vários postulados. 1) Por várias razões (dentre elas, destaco os pressupostos de minha declaração de fé), defendo a idéia de que as Escrituras são um registro histórico fidedigno. 2) Os textos do AT, mesmo os que fazem referência ao genocídio, devem ser interpretados em seu contexto canônico tanto do AT quanto do NT. 3) Os acontecimentos do AT podem ser tipos de elementos do NT ou, no mínimo, fornecer a linguagem figurada utilizada pelos autores do NT. 4) As Escrituras falam de realidades que ainda irão acontecer, incluindo a esperança escatológica da volta de Cristo e a criação de um novo céu e de uma nova terra.

Por meio de uma interpretação escatológica das narrativas de guerra — incluindo seus relatos de genocídio por ordem divina — é que as cenas de genocídio contidas no AT podem ser vistas como tipo de um evento escatológico. Demonstrarei isso em quatro etapas: 1) Farei uma análise do "anátema", ou *ḥerem*, como uma fase da "guerra santa" durante a qual os incidentes de genocídio ocorreram. 2) Em seguida, examinarei cinco elementos que exemplificam a coerência da tradição referente à guerra santa, tanto nos primeiros escritos do AT quanto nos que surgiram mais tarde, como a linha mestra da qual divergem os textos escritos posteriormente. 3) Depois, descreverei uma trajetória que parte do final do AT, atravessa o período intertestamentário e chega ao NT. 4) Explicarei a continuidade entre o AT e o NT à luz dos textos sobre genocídio como uma continuidade escatológica.

O CONTEXTO DO GENOCÍDIO NO ANTIGO TESTAMENTO E A MODERNA ERUDIÇÃO

O erudito alemão Gerhard von Rad apontou 13 características da "guerra santa" em diversos textos do AT.[1] Dessas características, talvez a mais chocante para os leitores da atualidade

[1]Gerhard von Rad, *Der heilige Krieg im alten Israel*, 4. ed., Göttingen: Vandenhoeck & Ruprecht, 1965. São elas:

1. Soar uma trombeta como proclamação da guerra santa (Jz 3.27; 6.34,35; 1Sm 13.3).
2. Designar o exército como "povo de Javé" (Jz 5.11,13; 20.2).
3. Santificar os participantes (Nm 21.2; Dt 23.9-14; Js 3.5; Jz 11.36; 1Sm 14.24; 21.5; 2Sm 1.21; 11.11,12).
4. Ofertar sacrifícios e/ou consultar Javé (Jz 20.23,26,27; 1Sm 7.9; 13.9,10,12; 14.8,9; 2Sm 5.19,23).

seja a décima segunda, a prática do "anátema" ou *ḥerem*. Essa prática corresponde ao genocídio cometido por Israel sob o comando do seu Deus. Além disso, era parte da arte de guerra de Israel, tão literal quanto qualquer outra característica.

Em sua forma mais pura, o *ḥerem* refere-se à consagração dos despojos de guerra a Javé e à destruição de todos os seres vivos (Js 6.17-21; 7.11-15). Os objetos inflamáveis tinham de ser queimados (Dt 7.25,26), porém os metais preciosos, não comburentes, deviam ser levados para o tesouro do santuário (Js 6.24). Era proibido poupar qualquer ser vivo que estivesse sob o *ḥerem*. Em alguns casos, o *ḥerem* era abrandado por meio da isenção de mulheres e crianças (Nm 31.7-12,17,18; Dt 20.13, 14; 21.10-14) e, em especial, das moças virgens (Jz 21.11-21). Existe um ponto de tensão no que se refere ao gado. De acordo com Deuteronômio 2.34,35, os rebanhos podiam ser poupados, ao passo que o texto de 1Samuel 15.9,21 exigia sua destruição. Entretanto, no que diz respeito aos povos que habitavam aquela terra, não havia nenhuma dúvida: os hititas, os amorreus, os cananeus, os ferezeus, os heveus e os jebuseus tinham de ser totalmente destruídos: nenhum ser que respirasse deveria continuar vivo (Dt 20.16-18).

Para a compreensão dessa prática, é importante lembrar que a nação de Israel não estava trazendo nenhuma inovação no Oriente Médio antigo. Eles seguiam as práticas de outras

5. Anúncio da vitória por Javé: "entreguei nas suas mãos...", ou fraseologia semelhante (Js 2.24; 6.2,16; 8.1,18; 10.8,19; Jz 3.28; 4.7,14; 7.9,15; 18.10; 20.28; 1Sm 14.12; 17.46; 23.4; 24.5; 26.8; 1Rs 20.28).
6. Anúncio de que Javé vai à frente do exército (Dt 20.4; Js 3.11; Jz 4.14; 2Sm 5.24).
7. Alegar que a guerra é "guerra de Javé" e que o inimigo é "inimigo de Javé" (Êx 14.4,14,18; Dt 1.30; Js 10.14,42; 11.6; 23.10; Jz 20.35; 1Sm 14.23).
8. Encorajamento para não haver temor porque o inimigo perderá a coragem (Êx 14.13; Dt 20.3; Js 8.1; 10.8,25; 11.6; Jz 7.3; 1Sm 23.16-17; 30.6; 2Sm 10.12).
9. Terror infundido por Javé nas tropas inimigas (Êx 15.14-16; 23.27,28; Lv 26.36; Dt 2.25; 11.25; Js 2.9,24; 5.1; 7.5; 10.2; 11.20; 24.12; 1Sm 4.7,8; 17.11; 28.5).
10. Grito de guerra (Js 6.5; Jz 7.20; 1Sm 17.20,52).
11. Intervenção de Javé, que infunde terror no coração dos inimigos (Êx 23.27; Dt 7.23; Js 10.10,11; 24.7; Jz 4.15; 7.22; 1Sm 5.11; 7.10; 14.15,20).
12. Prática do "anátema" (*ḥerem*), o extermínio de todos os inimigos, homens, mulheres e crianças (Nm 21.2; Js 6.18,19; 1Sm 15).
13. Dispensa das tropas sob o comando: "Para casa todos, ó Israel!" (2Sm 20.1; 1Rs 12.16; 22.36).

nações, que costumavam implementar um *ḥerem* correspondente. O próprio termo é usado por pelo menos uma nação, Moabe, conforme se acha inscrito na Pedra Moabita de Messa:[2]

> Camos me disse: Vai, toma Nebo das mãos de Israel! Então (15) fui à noite e lutei [...] contra ele [Nebo] do nascer do sol ao meio-dia. E (16) o tomei [...] e o destruí totalmente [...]: 7.000 cidadãos e estrangeiros, homens e mulheres, (17) bem como escravas; pois tinha de consagrá-los a Astar-Camos para a destruição [*hḥrmth*]. Em seguida peguei [...] dali os (18) utensílios de Javé e os trouxe perante Camos.[3]

Um segundo texto descritivo da campanha militar de Messa também tem sido interpretado como uma imposição do *ḥerem* contra a população israelita de Astarote:[4]

> Eu matei toda a população de (?) (12) a cidade como um *ryt* ["deleite", "satisfação", "sacrifício propiciatório"?] por Camos e por Moabe.[5]

A palavra *ryt*, provavelmente um termo sacrifical, implica uma dedicação à divindade. Portanto, "em Moabe, no século IX a.C., já se concebia a idéia de consagração à destruição durante uma guerra de conquista, como um sacrifício dedicado à divindade".[6] A terminologia do tipo "um homem [...] consagre ao SENHOR [heb. *yḥrm 'yš lyhwh*]" (Lv 27.28; v. Mq 4.13) e "será consagrada ao SENHOR... [heb. *ḥrm... lyhwh*]" (Js 6.17) apresenta estreita semelhança com a de Moabe.

Outro termo ainda, *asakkum*, aparece nos textos cuneiformes de Mari que datam do século VIII a.C.[7] Nesses textos,

[2]Messa, rei de Moabe que se rebelou contra Israel no nono século a. C. (2Rs 3), vangloria-se de infligir o *ḥerem* aos israelitas (PRITCHARD, *ANET*, p. 320).

[3]Traduzido por N. Lohfink (v. "חָרַם", *TDOT*, v. 5, p. 189). Contudo, segundo Lohfink, visto que a oração em questão é uma cláusula sumária invertida que interrompe uma série de cláusulas prefixadas, pode-se conjecturar que o verbo *ḥrm* "se refira não à verdadeira destruição da população, mas à sua consagração, que antecedia a destruição" (p. 189-90).

[4]J. Liver, The Wars of Mesha, King of Moab, *PEQ* 99 (1967): 24-31.

[5]Trad. por Lohfink, "חָרַם", v. 5, p. 190.

[6]Ibid. Contudo, Lohfink questiona se esse é um caso de *ḥrm*, já que o termo não é usado.

[7]Abraham MALAMAT, The Ban in Mari and the Bible, in: *Mari and the Bible* (Jerusalem: Hebrew University Press, 1975), p. 52-61.

a frase "comer o *asakkum*" dos deuses ou do rei indica a violação de um decreto referente ao espólio. Em Mari, diferentemente de Israel ou de Moabe, o *asakkum* era apenas temporário, de modo que os despojos podiam ser distribuídos mais tarde. Além disso, o *asakkum* não envolvia a destruição total da população das cidades conquistadas. Embora o alcance de significado do termo israelita *ḥerem* obviamente exceda o campo semântico de *asakkum* em Mari,[8] pode-se ver uma estreita relação entre o destino das cidades ou populações capturadas e sua consagração à divindade.

No período pós-exílico, o verbo *ḥrm* é usado no texto bíblico com diferentes conotações. Em Esdras 10.8, os que se recusassem a comparecer à assembléia que se reuniria em Jerusalém estariam sujeitos ao *ḥerem*. Nesse contexto, o termo não se refere à destruição da pessoa ou de seus bens, mas ao confisco dos bens e ao seu depósito no tesouro do templo.[9] Todavia, no contexto das narrativas de guerra da era pós-exílica, *ḥrm* continuou a significar a destruição de coisas dedicadas a Javé.[10]

É importante lembrar que o anátema ou *ḥerem* é apenas um dos aspectos da antiga "guerra santa" e deve ser situado no contexto do modo pelo qual Israel entendia suas guerras em geral. A expressão "guerra santa", popularizada por Gerhard von Rad,[11] não se encontra no texto das Escrituras, embora o conceito esteja, de fato, profundamente arraigado à tradição bíblica. Ainda que a expressão específica não seja universalmente aceita pelos eruditos,[12] continua a ser uma nomenclatura útil para o fenômeno descrito por Von Rad.

[8]A. E. Glock, Warfare in Mari and Early Israel (tese de doutorado, University of Michigan; disponível por meio do University Microfilms, Ann Arbor, 1968).

[9]Joseph Blenkinsopp, *Esra Nehemiah: A Commentary* (OTL; Philadelphia: Westminster, 1988).

[10]O cronista usa quatro vezes o verbo *ḥrm* e seus cognatos: 1Crônicas 2.7; 4.41; 2Crônicas 20.23; 32.14.

[11]Von Rad, *Der heilige Krieg im alten Israel.* O uso que Von Rad faz do termo e a reconstrução da guerra santa como produto de uma reinterpretação teológica da história posterior podem ter sua origem numa obra mais antiga: Friedrich Schwally, *Der heilig Krieg im alten Israel* (Leipzig: Dietrich, 1901).

[12] Alguns eruditos preferem a expressão "guerra de Javé" a "guerra santa", já que a primeira é uma expressão bíblica, enquanto a segunda é extraída do grego. V., e.g., Gwilym H. Jones, "Holy War" or "Yahweh War"? *VT* 25 (1965): 654-8; Rudolph Smend, *Yahweh War and Tribal Confederation*, trad. Max Gray Rogers (New York: Abingdon, 1970), p. 36-7; Manfred Weippert, "Heiliger Krieg" in Israel und Assyrien: Kritische Anmerkungen zu Gerhard von Rads Konzept des "Heiligen Kriegs im alten Israel", *ZAW* 84 (1972): 460-93.

A obra de Von Rad tem influenciado profundamente a maneira pela qual muitos interpretam as narrativas de guerra do AT. Ele faz uma nítida distinção entre a guerra santa como conceito teológico-literário e qualquer evento real que possa estar por trás de importantes narrativas.[13] Em sua concepção, a guerra santa era uma instituição essencialmente política e militar — parte de uma instituição sacro-cúltica em Israel e, portanto, de caráter primordialmente defensivo. É esse aspecto da obra de Von Rad que moldou o ponto de partida para as escolas que viriam a seguir.

Duas diferentes escolas de pensamento surgiram entre os eruditos que, com Von Rad, se voltaram para o estudo da arte da guerra em Israel.[14] Alguns eruditos, como o próprio Von Rad, entendem a guerra santa como o produto de escritos histórico-teológicos mais recentes.[15] Outros acreditam que os mesmos textos refletem acontecimentos históricos mais antigos.[16]

[13]Von Rad (*Der heilige Krieg*, p. 18) data os episódios da guerra santa de Israel como posteriores ao período dos juízes e institucionalmente ligados à antiga anfictionia.

[14]Um terceiro grupo poderia incluir as reflexões dos especialistas em ética e eruditos de denominações cristãs tradicionalmente pacifistas, dentre eles: Patrick D. Miller Jr., God the Warrior: A Problem in Biblical Interpretation and Apologetics, *Int* 19 (1965): 39-46; Waldemar Janzen, War in the Old Testament, *Mennonite Quarterly Review* 46 (1972): 155-66; Jacob J. Enz, *The Christian and Warfare: The Roots of Pacifism in the Old Testament* (Scottdale: Herald, 1972); John Howard Yoder, *The Politics of Jesus* (Grand Rapids: Eerdmans, 1972) e *The Original Revolution* (Scottdale: Herald, 1972); Vernard Eller, *War and Peace From Genesis to Revelation* (Scottdale: Herald 1981). Uma monografia que merece menção especial é a de Millard C. Lind, *Yahweh Is a Warrior* (Scottdale: Herald, 1980). Lind, escrevendo do ponto de vista de uma das "igrejas pacifistas" tradicionais, argumenta que a teologia de Javé como Guerreiro está centrada em três ênfases principais. 1) O Êxodo proporciona o paradigma fundamental da intervenção divina por intermédio de um milagre na natureza, em vez da guerra humana comum. A figura humana central aqui não é a do guerreiro, mas a do profeta (Moisés). 2) A estrutura profética de Israel, em termos políticos, rejeitava a realeza alicerçada na violência, tendo o rei como representante da Divindade. 3) Javé guerreou contra Israel nos momentos em que este se tornou semelhante a outros Estados do Oriente Médio.

[15]P. ex., Schwally, op. cit.; Patrick D. Miller Jr., *The Divine Warrior in Early Israel* (HSM 5, Cambridge: Harvard University Press, 1973); Weippert, "Heiliger Krieg" in Israel und Assyrien.

[16]Fritz Stolz, *Jahwes und Israels Krieg: Kriegstheorien und Kriegserfahrungen im Glaube des alten Israels*; Roland de Vaux, *Ancient Israel*, 2 v. (New York: McGraw-Hill, 1965), v. 1, p. 213-66; Smend, op. cit.; E. W. Conrad, *Fear Not Warrior: A Study of the 'al tîrā' Pericopes in the Hebrew Scriptures* (BJS 75; Chico: Scholars Press, 1985); T. R. Hobbs, *A Time for War: A Study of Warfare in the Old Testament* (Wilmington, Del.: Michael Glazier, 1989).

Minha análise da guerra certamente me situa nessa última corrente de pensamento, embora não creia que a maior parte da moderna erudição identifique adequadamente o contexto teológico, canônico e histórico da guerra de Israel.

Em suma, o texto bíblico retrata a prática histórica da guerra e do genocídio no antigo Oriente Médio. O *ḥerem* não era uma prática exclusivamente israelita, visto que outros povos também o empregavam na destruição e consagração de seus inimigos aos seus deuses.

A LINHA MESTRA: OS ASPECTOS COMUNS AOS TEXTOS MAIS ANTIGOS E MAIS RECENTES DO ANTIGO TESTAMENTO

O modo mais simples de se traçar uma trajetória que parta das narrativas de guerra mais antigas, percorra o AT até o fim, atravesse o período intertestamentário e continue até chegar ao NT é delinear tópicos com alto grau de coesão. Portanto, demarcarei aqui uma linha mestra de cinco tópicos relativos ao contexto de guerra do genocídio desde o período mais antigo até o último período do AT: 1) o significado da derrota; 2) a aplicação da legislação de guerra; 3) a guerra santa como sinergismo ou monergismo; 4) os espólios da guerra; e 5) a santidade do acampamento.

O significado da derrota

O que acontece quando Javé guerreia contra seu próprio povo? O registro da Bíblia hebraica quanto à atividade de Deus na guerra não se limita às ocasiões em que Javé lutou por Israel ou ao lado deste. A guerra era sinal de retribuição divina. Quando Judá foi derrotado, pôde ser observado o quadro de uma "guerra santa às avessas".

A literatura bíblica pondera sobre o significado da derrota. Não só os profetas que vieram mais tarde trataram de seu significado para Israel e para as outras nações, mas também textos mais antigos abordam o tema. Por exemplo, Números 14.41-45 explica a derrota em Cades-Barnéia como conseqüência da deserção de Israel ao comando de Javé:

> Moisés, porém, disse: "Por que vocês estão desobedecendo à ordem do SENHOR? Isso não terá sucesso! Não subam, porque o SENHOR

não está com vocês. Vocês serão derrotados pelos inimigos, pois os amalequitas e os cananeus os enfrentarão ali, e vocês cairão à espada. Visto que deixaram de seguir o SENHOR, ele não estará com vocês".

Apesar disso, eles subiram desafiadoramente ao alto da região montanhosa, mas nem Moisés nem a arca da aliança do SENHOR saíram do acampamento. Então os amalequitas e os cananeus que lá viviam desceram, derrotaram-nos e os perseguiram até Hormá.

Por semelhante modo, o texto de Josué 7 explica que a derrota de Israel em Ai foi conseqüência de Javé tê-los entregado nas mãos de seu inimigo, visto que Israel não destruiu (*ḥrm*) as coisas consagradas. O texto de 1Samuel 4.2,3a explica a derrota de Israel diante dos filisteus como conseqüência da permissão de Javé:

> Os filisteus dispuseram suas forças em linha para enfrentar Israel, e, intensificando-se o combate, Israel foi derrotado pelos filisteus, que mataram cerca de quatro mil deles no campo de batalha. Quando os soldados voltaram ao acampamento, as autoridades de Israel perguntaram: "Por que o SENHOR deixou que os filisteus nos derrotassem?"

Israel foi derrotado porque seu Deus decretara e causara tal derrota.

A idéia de um deus lutando contra seu próprio povo também se encontra em textos extrabíblicos. Millard Lind cita, como um exemplo mais abrangente, um texto sumério que procura explicar a razão pela qual os gutis conseguiram derrotar a Acádia. Segundo esse documento,[17] o quarto governante da Acádia, Naram-Sim, saqueara Nipur, a cidade do deus Enlil, e profanara o templo deste, Ekur. Para vingar os atos de Naram-Sim, Enlil fez que os gutis, um povo cruel, se voltassem contra a Acádia. Os outros deuses, oito ao todo, abandonaram o país em solidariedade a Enlil:

> Ela, que lá vivera, deixou a cidade, como uma donzela que abandona seus aposentos; a Santa Inana abandonou o santuário Agade; como um guerreiro que corre para pegar (sua) arma, ela investiu

[17]Millard Lind (op. cit., p. 111) resume o documento no que tange à compreensão do relacionamento entre deuses e seres humanos.

> contra a cidade em batalha (e) combate; ela atacou como se fora um inimigo.[18]

Também o cronista cita vários incidentes qualificados como atos de retribuição divina contra Israel, de acordo com os relatos bíblicos mais antigos e com o texto sumério. A divindade é ofendida numa impropriedade cúltica, então o deus, ou a deusa, luta contra seu próprio povo, sendo um exército estrangeiro o instrumento de destruição sob o comando daquele deus. Entretanto, há também importantes diferenças em Crônicas. Nas narrativas registradas pelo cronista, a derrota não é postergada para futuras gerações, mas abate-se sobre a geração que ofendeu Javé. O mais importante é que restou uma esperança para Judá, ao contrário da Acádia, que foi destruída sem essa esperança. Ainda que Judá tenha sido finalmente destruído pelos babilônios, a esperança de um futuro nunca foi destruída.

O cronista toma as narrativas da guerra de Javé contra seu próprio povo e explica seu significado teológico. Exércitos humanos não determinam o resultado da guerra. Só o Deus de Israel faz isso. A História sempre está em suas mãos. Vezes seguidas, Judá foi derrotado por um exército de capacidade bélica inferior. Joás, que foi bem-sucedido em subornar os sírios para se livrar de uma invasão, conforme 2Reis 12.17,18, foi derrotado e morto por intervenção divina, segundo consta em 2Crônicas 24.24:

> Embora o exército arameu fosse pequeno, o SENHOR entregou nas mãos dele um exército muito maior, por Judá ter abandonado o SENHOR, o Deus dos seus antepassados. Assim o juízo foi executado sobre Joás.

A explicação do cronista para a derrota de Acaz diante da Síria (Arã) e da derrota de Acaz perante os assírios, os edomitas e os filisteus é semelhante:

> Por isso, o SENHOR, o seu Deus, entregou-o nas mãos do rei da Síria. Os arameus o derrotaram, fizeram muitos prisioneiros entre o seu povo e os levaram para Damasco [...]. O SENHOR humilhou Judá

[18]*ANET*, p. 648.

por causa de Acaz, rei de Israel, por sua conduta desregrada em Judá, muito infiel ao SENHOR (2Cr 28.5,19).

A derrota na guerra é freqüentemente explicada como resultado do juízo de Javé diante da infidelidade do rei e do povo. Ou Javé se posta ao lado de seu rei e seu povo fiéis, ou luta contra seu rei e seu povo infiéis. Saul morreu em combate, segundo registra o cronista, porque foi infiel a Javé:

> Saul morreu dessa forma porque foi infiel ao SENHOR; não foi obediente à palavra do SENHOR e chegou a consultar uma médium em busca de orientação, em vez de consultar o SENHOR. Por isso o SENHOR o entregou à morte e deu o reino a Davi, filho de Jessé (1Cr 10.13,14).

O infiel Acazias, por causa de sua aliança com Jorão de Israel, foi derrotado e morto porque, "por meio dessa visita, Deus provocou a queda de Acazias" (2Cr 22.7). A mesma explicação é dada para a derrota e o cativeiro de Manassés pelas mãos do rei da Assíria:

> Por isso o SENHOR enviou contra eles os comandantes do exército do rei da Assíria, os quais prenderam Manassés, colocaram-lhe um gancho no nariz e algemas de bronze, e o levaram para a Babilônia (2Cr 33.11).

O próprio exílio é explicado como algo que aconteceu porque Javé ordenara: "O SENHOR enviou contra eles o rei dos babilônios" (2Cr 36.17). Isso também ocorreu porque o povo tinha sido infiel.

Em cada situação, o cronista explica a derrota de Judá como algo que procede da vontade de Javé. Enquanto Javé, em outras ocasiões, obteve vitória a favor de seu povo e seu rei fiéis, aqui provocou a derrota deles. Os exércitos inimigos, a despeito de seu poderio em comparação com os exércitos de Judá, não poderiam vencer se Javé lutasse pelo seu povo; nem poderiam perder se Javé lutasse contra seu próprio povo. Os reis das nações e suas máquinas de guerra eram meros instrumentos nas mãos do Deus de Judá.

Contudo, é oportuno observar que o povo de Israel nunca foi totalmente destruído. Eles não foram expostos à completa aniquilação de um genocídio. Sempre havia um remanescente. No caso de Israel, a guerra de Javé contra seu próprio povo nunca teve por objetivo a completa destruição, e sim a disciplina e a restauração. Javé nunca impôs contra Israel o "anátema" ou *ḥerem* no sentido pleno do termo.

A aplicação da legislação de guerra

Desde seu surgimento como nação, Israel envolveu-se em guerras contra seus vizinhos. O livro de Deuteronômio apresenta um ponto de partida fundamental para a compreensão das guerras de Israel. Deuteronômio 20 (bem como os caps. 21 e 23—25) é a base de toda a interpretação da guerra, visto que essas passagens contêm seis tópicos[19] relativos à conduta de Israel em combate. Vários exemplos de leis de guerra ilustram seu contínuo significado para Israel durante o último período do AT, a época do cronista. Deuteronômio 20.2, por exemplo, estabelece o discurso do sacerdote antes da batalha. Em 2Crônicas 20.5-7, Josafá, em seu papel de rei davídico, assumiu essa responsabilidade. O objetivo do discurso, porém, era o mesmo: afirmar que Deus estava com o exército e lhes concederia a vitória.

As leis de guerra em Deuteronômio também previnem Israel de inimigos mais poderosos. Deuteronômio 20.1 declara: "Quando vocês forem à guerra contra os seus inimigos e virem cavalos e carros, e um exército maior do que o seu, não tenham medo, pois o SENHOR, o seu Deus, que os tirou do Egito, estará com vocês". Em 2Crônicas 13.3, há um exemplo perfeito dessa situação. O exército de Jeroboão, composto de 800 mil homens, marchou contra o exército de Abias, que se compunha de 400 mil homens.[20] As leis de guerra em Deuteronômio 20.4 garantiam a Judá que Javé lutaria por eles contra seus inimigos: "O SENHOR, o seu Deus, os acompanhará e lutará por vocês contra os seus inimigos, para lhes dar vitó-

[19] VON RAD, Deuteronomy and the Holy War, in: *Studies in Deuteronomy*, trad. David Stalker (London: SCM, 1953), p. 50-1. Os seis tópicos são: 1) leis referentes à guerra (20.1-9); 2) o cerco às cidades (v. 10-18); 3) as prisioneiras de guerra (21.10-14); 4) a lei referente ao acampamento (23.10-14); 5) a dispensa dos recém-casados (24.5); 6) a lei referente a Amaleque (25.17-19) [original em alemão].

[20] Judá enfrenta exatamente a mesma situação, registrada em dois outros textos de guerra atribuídos exclusivamente ao cronista (v. 2Cr 14.8,9; 20.2). Além disso, as implicações de 2Crônicas 12.2,3 e a invasão do exército de Sisaque são quase as mesmas.

ria". Isso repercutiu na batalha entre Abias e Jeroboão. Deus derrotou o Reino do Norte (2Cr 13.15). Só restou a Judá perseguir os inimigos e matá-los.

Outra cláusula da guerra, descrita em Deuteronômio 20.10, previa a proposta de condições de paz para uma cidade sitiada: "Quando vocês avançarem para atacar uma cidade, enviem-lhe primeiro uma proposta de paz". Duas respostas são previstas. A cidade podia aceitar os termos de paz, sendo seus moradores sujeitos a trabalhos forçados (v. 11). Mas eles podiam também rejeitar as condições de paz. Nesse caso, Javé os entregaria nas mãos de Israel. Todos os homens seriam mortos, porém as mulheres, crianças e o gado seriam poupados, e os israelitas levariam para si o espólio. No caso do povo que ocupava a terra prometida, todos os seres vivos tinham de ser destruídos (v. 12-18). Na batalha narrada em 2Crônicas 13, o longo discurso de Abias propunha a paz ao Reino do Norte: "Israelitas, não lutem contra o SENHOR, o Deus dos seus antepassados, pois vocês não terão êxito!" (v. 12). Depois que a proposta foi rejeitada, Abias e seu exército mataram 500 mil guerreiros israelitas e tomaram as cidades e territórios de Israel (v. 17-19).

Esse ponto de comparação, no que concerne aos nossos objetivos, é extremamente significativo. O *ḥerem* não foi imposto a Israel. Mesmo na derrota, as tribos rebeldes do Reino do Norte não foram tratadas da mesma maneira que os exércitos inimigos. Embora 500 mil homens tenham sido mortos em batalha, ainda restaram 300 mil. Javé não se esqueceria da aliança que fizera com os descendentes de Abraão, ainda que Israel a esquecesse.

A guerra santa como sinergismo ou monergismo

O terceiro tópico da trajetória concentra-se no fato de Javé lutar *pelo* seu povo ou *junto com* ele. Em outras palavras, a guerra de Javé é sinérgica ou monérgica?

Em certas ocasiões, Javé lutou sem a ajuda de Israel. Em dois dos poemas mais antigos da Bíblia hebraica,[21] a vitória de

[21]Lind (op. cit., p. 46) alega que o Êxodo e o período no deserto são a época da guerra santa por excelência, na Bíblia hebraica, ao contrário de Von Rad (*Der heilige Krieg im alten Israel*), que propõe o período dos juízes, e Miller (*The Divine Warrior in Early Israel*), que sugere o período da conquista.

Javé, como o único Guerreiro, é celebrada. Tanto o cântico de Miriã (Êx 15.21) quanto o cântico de Moisés (Êx 15.1-18) exultam pela vitória de Javé:

> Cantarei ao Senhor,
> pois triunfou gloriosamente.
> Lançou ao mar o cavalo
> e o seu cavaleiro!
> O Senhor é a minha força
> e a minha canção;
> ele é a minha salvação!
> Ele é o meu Deus, e eu o louvarei,
> é o Deus de meu pai, e eu o exaltarei!
> O Senhor é guerreiro,
> o seu nome é Senhor (Êx 15.1-3).

Em todo o cântico, não há um indício de participação humana na batalha. Javé guerreou sozinho. À medida que o poema relata os fatos, fica evidente que se trata de uma vitória de Javé, o Rei: "O Senhor reinará eternamente" (Êx 15.18). Em 2Crônicas 32, há um registro semelhante: Javé entra sozinho em combate durante a invasão da Judá de Ezequias por Senaqueribe. O povo não tomou parte em nenhum ato na batalha. Foi o anjo de Javé quem "matou todos os homens de combate e todos os líderes e oficiais no acampamento do rei assírio" (v. 21).[22]

As batalhas nas quais Javé atua como protagonista e único ator a favor de seu povo contrastam com outras narrativas de guerra bíblicas e extrabíblicas do Oriente Médio antigo. Em alguns casos, o deus lutou sem nenhuma ajuda, como no épico em que Baal impõe uma derrota a Yam.[23] Entretanto, havia um grau de cooperação entre os seres humanos e a divindade. Um exemplo disso são os relevos mesopotâmicos de Assurnasirpal II,[24] que é retratado em combate com a imagem

[22]O registro do cronista sobre a derrota de Senaqueribe é essencialmente o mesmo de 2Reis 19.35 e Isaías 37.36. Portanto, não constitui material exclusivo do cronista. A idéia de Javé lutando sozinho é importante para o cronista, mas a primeira ocorrência disso em material exclusivamente seu está em 2Crônicas 20 (A batalha não-sinóptica de Josafá).

[23]*ANET*, p. 129-35.

[24]Reproduzido por George Mendenhall, *The Tenth Generation* (Baltimore: Johns Hopkins University Press, 1973), p. 46.

de Assur acima dele, e ambos, rei e deus, vergam seus arcos. Num segundo relevo, tanto o rei Assurnasirpal II quanto o deus Assur são descritos numa parada de triunfo com o arco a tiracolo.

A imagem de Javé lutando junto com seu povo também é um tema comum na Bíblia hebraica. Um poema de data muito próxima ao cântico de Moisés é o cântico de Débora (Jz 5.1-31). Esse cântico, ao contrário de Êxodo 15, fala da cooperação do povo, que se uniu a Javé na batalha contra as cidades cananéias do Norte: "Consagrem-se para a guerra os chefes de Israel. O povo apresenta-se voluntariamente. Louvem o SENHOR!" (v. 2). Tanto Javé (v. 3-5,19-21,28,31) quanto o povo (5.2,6-18,22-27,29,30) lutaram nessa batalha.

Ambos os temas — o combate solitário de Javé e a luta de Javé com a participação do povo — estão entrelaçados nas narrativas bíblicas de guerra. Em certos textos das Crônicas pós-exílicas, os atores principais são humanos. Algumas dessas guerras não tiveram a ajuda divina, principalmente as guerras ofensivas promovidas por Judá (p. ex., Azarias, 2Cr 22). Todavia, em outras guerras mais sinérgicas, Javé lutou pelo seu povo, enquanto lhes permitia uma participação na vitória (13.16,17). A idéia de o "terror do SENHOR" afligir os reais ou potenciais inimigos de Judá relaciona-se intimamente com o conceito de Javé lutar pelo seu povo. Esse elemento sobrenatural é exemplificado em 2Crônicas 14.14 quando "o terror do SENHOR" caiu sobre as cidades ao redor de Gerar. Trata-se de uma expressão extraída da antiga tradição da guerra santa,[25] na qual o "terror do SENHOR" caía sobre o inimigo.[26] Na ideologia da guerra santa, isso geralmente estava associado ao "pânico" (*hmm*,[27] *hwm*,[28] *ḥrm*,[29]) no acampamento do inimigo. Embora o cronista não utilize nenhum desses termos em 2Crônicas 14, em 15.6 faz uso deles na restrospectiva histórica dos eventos.

[25]Êxodo 15.16; 23.27; Deuteronômio 2.25; 7.20,23; 11.25; Josué 2.9,24; 5.1; 7.5; 10.2; 11.20; 24.12; 1Samuel 4.7,8; 17.11; 28.5.

[26]1Crônicas 14.17; 2Crônicas 17.10; 19.7; 20.29. Dos sinônimos utilizados pelo cronista, inclui-se o termo *yr'* (1Cr 10.4; 13.12; 22.13; 28.20; 2Cr 6.31,33; 20.3,15; 32.7,18, freqüentemente utilizado no contexto de: "Não tenham medo nem desanimem").

[27]Êxodo 14.24; 23.27; Deuteronômio 2.15; Josué 10.10; Juízes 4.15; 1Samuel 7.10; 2Crônicas 15.6.

[28]Deuteronômio 7.23.

[29]Juízes 8.12; 1Samuel 14.15 (3 ocorrências).

Os despojos de guerra

No que concerne aos despojos de guerra, Deuteronômio 2.34,35 faz o seguinte relato da captura de Seom:

> Naquela ocasião conquistamos todas as suas [de Seom, rei de Hesbom] cidades e as destruímos totalmente, matando homens, mulheres e crianças, sem deixar nenhum sobrevivente. Tomamos como presa somente os animais e o despojo das cidades que conquistamos.

Cidades e pessoas foram destruídas. Israel preservou somente os animais e os despojos inanimados das cidades.

Outros povos do Oriente Médio antigo fizeram o mesmo. Por exemplo, Assurbanipal levou os despojos das nações derrotadas e apresentou-os em oferta ao seu deus: "A população e o despojo de Elão, os quais sob o comando de Assur, Sim, Shamash, Adade [...] eu tinha trazido, ofereci o melhor de tudo ao meu deus".[30] Dedicar aos deuses os despojos é parte da tradição de guerra no Oriente Médio antigo.

Outro componente da tradição de guerra evidencia-se numa inscrição da sexta campanha de guerra de Senaqueribe:

> Do despojo das terras que (eu conquistara), selecionei 30.500 arcos, 30.500 flechas e os incorporei ao meu arsenal real. Do principal despojo dos inimigos (os cativos), distribuí (os homens), como ovelhas, a todos os de meu acampamento, aos meus governadores e ao povo de minhas cidades (grandes).[31]

Nessa ocasião, Senaqueribe conserva os despojos de sua vitória militar.

Em Crônicas, o saque dos despojos efetuado pelo exército vitorioso de Judá é descrito tanto no relato da guerra travada por Asa (2Cr 14.13,14) quanto no da guerra travada por Josafá (20.25). Parece que Asa e seu exército dedicaram parte do espólio de guerra a Javé em resposta à profecia que Azarias proferira após a batalha. "Naquela ocasião sacrificaram ao SENHOR setecentos bois e sete mil ovelhas e cabras, do saque que ha-

[30] A tradução é de Sa-Moon KANG, *Divine War in the Old Testament and in the Ancient Near East* (BZAW 177; Berlin: Walter de Gruyter, 1989), p. 47.

[31] Ibidem, p. 48.

viam feito" (15.11). Em outras palavras, depois da batalha de Asa, uma parte dos despojos foi sacrificada a Javé. O inverso também aconteceu, quando Judá, em face da derrota, foi saqueado (p. ex., pelas mãos de Sisaque, 12.9-11). Esperava-se que os despojos de guerra pertencessem ao vencedor. Ou seja, o cronista descreve o destino dos despojos da vitória de forma absolutamente coerente com as tradições do antigo Oriente Médio e do conteúdo bíblico mais antigo.

A santidade do acampamento

Por fim, o cronista é muito coerente ao adaptar a antiga temática da guerra ao seu programa teológico pós-exílico. Ele transfere as antigas leis de santidade no acampamento para a instituição do templo em Jerusalém. Nas tradições mais antigas, o exército era consagrado a Javé (Js 3.5). Leis de pureza sexual eram impostas (1Sm 21.5; 2Sm 11.11,12), votos eram feitos (Nm 21.2; Jz 11.36; 1Sm 14.24) e o acampamento tinha de ser mantido cerimonialmente puro (Dt 23.9-14). Em Crônicas, nenhum desses aspectos está incluído nas narrativas de guerra. A santidade do povo ainda é requerida, mas é uma pureza cúltica transferida do acampamento para a nação no relacionamento desta com o templo. O resultado da batalha era decidido pela condição cerimonial, não do acampamento e de seus membros, mas do rei e da nação, à medida que eram fiéis ou falhavam quanto ao compromisso do culto divinamente ordenado.

Mapeamos vários elementos da guerra na Antiguidade, desde os textos mais antigos até os mais recentes, de Crônicas. Em cada um dos casos, a obra mais recente do cronista depende conscientemente dos textos mais antigos. O cronista dá continuidade aos antigos temas: significado da derrota, aplicação da legislação de guerra, guerra santa como sinergismo ou monergismo, despojos de guerra e santidade do acampamento. A idéia de guerra santa, que inclui a prática do *ḥerem*, é entendida como algo que se passa na terra, em batalhas históricas.

A TRAJETÓRIA: A ESCATOLOGIA NOS LIVROS DE CRÔNICAS E DEPOIS DELES

Além de desenvolver o tema da guerra, 1 e 2Crônicas também ampliam o conceito desta em diferentes sentidos. Essa obra em dois volumes serve de ponte para o que se torna mais evidente na literatura intertestamentária e no NT, a saber, a literatura escatológica. Enquanto mantém a harmonia com o passado, o cronista descobre uma importância cósmica na tradição da guerra santa e introduz um novo nível de significado nesses relatos. Para o cronista, o que acontece na terra está diretamente relacionado com a realidade cósmica e espiritual e é reflexo desta. É para esse desenvolvimento dentro dos livros de Crônicas e depois deles que voltamos agora nossa atenção.

Em primeiro lugar, temos de fazer uma importante pergunta preliminar: os livros de Crônicas têm uma escatologia? Três respostas básicas foram dadas. Alguns eruditos refutam a idéia de que o cronista tenha algum propósito escatológico.[32] Uma posição conciliatória afirma que ele alimenta uma esperança messiânica genuína, só que baseada no estilo dinástico pré-exílico, não no estilo escatológico.[33] No outro extremo desse espectro, encontra-se a interpretação que vê os livros de Crônicas como uma obra escatologicamente orientada em sua essência.[34]

[32]Uma representante dessa posição é a erudita que creio ser a mais influente dos últimos 30 anos em matéria de Crônicas: a professora israelense Sara Japhet. Ela define a "escatologia no sentido estrito" como o que talvez possamos denominar "escatologia futura" ou antevisão da "aniquilação do mundo que hoje existe e o nascimento de um novo mundo de eterna salvação. Tal escatologia entende o *eschaton* como algo que está além da História, além do tempo e do espaço do mundo como o conhecemos" [v. a obra dessa autora, *The Ideology of the Book of Chronicles and Its Place in Biblical Thought* (*BEATAJ* 9, Frankfurt: Peter Lang, 1989), p. 499-500]. Compare com a "escatologia no sentido amplo", mencionada por Japhet, que a define como "a aurora da era da salvação [...] no curso da História. De acordo com essa definição, a escatologia prevê a criação de um mundo novo e diferente no contexto do mundo existente, vinculado ao tempo e à História, ao espaço e à forma" (ibidem, p. 500). A análise de Japhet sobre a ideologia do cronista leva a autora à conclusão de que "o livro de Crônicas não pode ser classificado como escatológico em nenhum dos sentidos do termo. O princípio básico que subjaz à visão de mundo do livro é a aceitação do mundo que hoje existe: não há nenhuma previsão de mudança do mundo em Crônicas" (ibidem, p. 501).

[33]Roland de Vaux, revisão crítica da obra de W. Rudolph, *Chronikbücher, Esra, und Nehemiah* [*RB* 64 (1957): 278-81].

[34]Essa é a posição de J. Haenel [J. W. Rothstein & J. Haenel, *Dars erste Buch Chronik* (KAT 18/2; Leipzig: Reichert, 1927), p. xliii-xliv] e de Gerhard von Rad [*Das Geschichtsbild des chronistischen Werkes* IV/3 (BWANT; Stuttgart: Kohlhammer, 1930), p. 119-32]. W. F. Stinespring [Eschatology in Chronicles, *JBL* 80 (1961): 209-19] afirma que o cronista tem um propósito escatológico expresso

Uma variação dessa última categoria talvez seja a mais útil na questão. Nessa interpretação, Saul, Davi e Salomão representam juízo, restauração e redenção final, respectivamente.[35] Então, os sucessores de Salomão repetem o ciclo das épocas de Saul e Davi. A era do cronista e o subseqüente período intertestamentário correspondem a um período de expectativa. Deus, que matara Saul para exaltar Davi, tinha de matar o velho reino de Judá pelas mãos dos babilônios (o Exílio). Agora, uma nova era davídica e salomônica está reservada para o futuro.

Essa interpretação escatológica de Crônicas é, além disso, apoiada por elementos sobrenaturais que ganham maior expressão em alguns dos escritos da literatura intertestamentária. Por exemplo, na guerra do rei Asa (2Cr 14), o desfecho da narrativa apresenta um elemento sobrenatural que não se encontra na narrativa de Abias (2Cr 13). Uma frase, em especial, é de interesse na questão: "foram destroçados diante do SENHOR e diante do seu exército[36] [*mḥnh*]" (14.13, ARA). Há certo questionamento quanto a ser esse exército celestial ou tratar-se das tropas de Asa.[37] Em outras passagens de Crônicas, o termo *mḥnh* refere-se ao acampamento (1Cr 9.19) ou ao templo (2Cr 31.2), e não a um exército. À luz de 1Crônicas 12.22, é provável que seja uma referência às tropas de Asa:[38] "Diariamente chegavam soldados para ajudar Davi, até que o seu

no Davi da História e no Davi da fé. Um exemplo de interpretação escatológica cristã de Crônicas é o de A. NOORDTZIJ [Les Intentions du Chroniste, *RB* 49 (1940): 161-8], em seu argumento de que os fracassos do sacerdócio e da família davídica apontavam para o futuro, o advento de Cristo, o único e verdadeiro Pastor de Israel.

[35]Essa é a interpretação de Rudolph MOSIS em *Untersuchungen zur Theologie des chronistischen Gesichteswerkes* (FThS 92; Freiburg: Herder, 1973). Mosis argumenta que Crônicas não é uma obra histórica, e sim um sistema teológico apresentado como história. Ele entende a própria era do cronista como davídica, na qual o templo descrito em Esdras é uma preparação para a glória final da era salomônica vindoura. Embora haja muito a se elogiar nessa obra, devo discordar dela, visto que há muito pouco ou nada na vida da Judá do final do século V a.C., sob o domínio persa, que se possa comparar à era de Davi.

[36]Na NVI: "forças".

[37]Simon DE VRIES, *1 and 2 Chronicles* (FOTL 11; Grand Rapids: Eerdmans, 1989), p. 299.

[38]V. Peter WELTEN, *Geschichte und Geschictsdartellung in den Chronikbücher* (WMANT 42; Neukirchener-Vluyn: Neukirchener Verlag, 1973), p. 134, n. 109.

exército tornou-se tão grande como o exército [*mḥnh*] de Deus".[39]

No caso da guerra de Asa, Javé já havia vencido a batalha sem a participação humana (2Cr 14.12). A operação de "limpeza final" executada pelo exército de Asa, denominado em 14.13 exército de Javé, ocorre depois da batalha propriamente dita. Assim como o cronista identificara o reino de Judá nas mãos dos descendentes de Davi com o reino de Javé, o que de fato era (v. o discurso de Abias em 13.8), assim também ele identifica o exército de Judá com o exército de Javé.

Durante o período intertestamentário, o conceito de exército celestial de Javé desenvolveu-se para além da idéia encontrada em 2Crônicas 14.[40] O livro de *1Enoque*, que trata de angelologia e do dia do juízo, prevê que as montanhas serão abaladas e que as colinas derreterão como cera por ocasião da vinda de Deus sobre o monte Sinai. Junto com ele estarão seus anjos: "Eis que ele chegará com 10 milhões dos santos para executar juízo sobre todos" (*1Enoque* 1.9).[41] A vitória de Javé em *1Enoque* assemelha-se àquela do cântico de Moisés em Êxodo 15, em que Javé vence a batalha sem a participação de nenhum exército humano. Deus luta com seu exército angelical — fenômeno já visto no relato do cronista sobre a guerra de Ezequias, quando o anjo de Javé destruiu o inimigo (2Cr 32.21). Contudo, observe que em alguns textos extrabíblicos a guerra de Javé é uma batalha sinérgica de Javé e seu exército celestial junto com seu exército humano.[42]

[39] Rudolph [*Chronikbücher, Esra, und Nehemiah* (KAT 1/21; Tübingen: J. C. B. Mohr, 1955), p. 106], pensa tratar-se de uma expressão superlativa. Miller (*The Divine Warrior in Early Israel*, p. 242) entende 1Crônicas 12.22 como "uma comparação entre a grandeza ou o tamanho do exército de Davi e a grandeza ou tamanho do exército de Deus", tendo por base o encontro de Jacó com os anjos de Deus: "Este é o exército [*mḥnh*; ARA: "acampamento"] de Deus!" (Gn 32.2).

[40] Miller (ibidem, p. 141-4) delineia o desenvolvimento ao longo de vários textos posteriores à Bíblia hebraica.

[41] 1 (Ethiopic Apocalypse of) Enoch, in: *The Old Testament Pseudepigraph*, trad. E. Isaac, ed. James H. Charlesworth (Garden City: Doubleday, 1983), v. 1, p. 3-89.

[42] V. o texto de Qumran, *The Scroll of the War of the Sons of Light Against the Sons of Darkness*, ed. Yigael Yadin, trad. Batya e Chaim Rabin (Oxford: Oxford Univ. Press, 1962), p. 260:

> No dia da queda de Quitim haverá um portentoso confronto e carnificina diante do Deus de Israel, pois esse dia está determinado por Ele desde a Antiguidade para uma batalha de aniquilação dos Filhos das Trevas, durante a qual a congregação dos anjos e a assembléia dos homens, os Filhos da Luz e os eleitos tirados das Trevas lutarão todos em

Os textos apocalípticos do NT freqüentemente retratam de modo semelhante os acontecimentos descritos em *1Enoque*. O Filho do homem voltará com seus anjos, vindos nas nuvens para reunir seus eleitos (Mc 8.38; 13.26; cf. 2Ts 1.6-10; Ap 1.7; 19.11-16). Essa linguagem, por certo, está em relação de dependência com as figuras do exército celestial presentes no AT e na literatura intertestamentária. As imagens do exército celestial no NT refletem, no mínimo, figuras correspondentes utilizadas anteriormente, evidenciando, por conseguinte, suas raízes nos mais antigos textos referentes à guerra santa.

Enquanto nas narrativas mais antigas Moisés, Josué e até mesmo os juízes levam Israel sob sua liderança para a batalha, somente o rei davídico legítimo o faz em Crônicas. O líder da guerra escatológica final também é um Rei davídico. Na verdade, ele é o grande e definitivo Filho de Davi. O cronista volta os olhos para Saul, Davi e Salomão e vê neles um paradigma para o presente e para o futuro — padrão que ele proclama com a finalidade de instigar a esperança aos sofridos compatriotas. Existe muito a ser aprendido com o passado. Em sua história, o cronista apresenta a história do mundo, e de Israel dentro deste, não só por meio da citação de acontecimentos, como também por meio da identificação da narrativa histórica de Deus na narrativa histórica do mundo.

O cronista previu a chegada de um novo Davi (ainda que isso levasse mais quatro séculos para acontecer). Na pessoa de Jesus de Nazaré, Davi, o novo e definitivo, veio para Israel. Tudo estava presente nele, assim como todas as coisas estavam presentes no primeiro Davi. E, todavia, tudo estava oculto em sua admitida humanidade. Todo o futuro do reino escatológico estava ali — nem mal, nem dor, nem enfermidade, nem mesmo a própria morte podiam subsistir em sua presença. Contudo, o novo Davi, à semelhança do primeiro, podia ser — e foi — vítima de ataques cruéis. O velho Davi lutou guerra após guerra e sempre saiu vitorioso. O novo Davi também foi atacado — na realidade, crucificado. Contudo, assim como o

> comunhão, por intermédio do poder de Deus, com som de grande tumulto e do grito de guerra de anjos e homens num dia de juízo (1QM 1.9-11).

Esse é um claro exemplo intertestamentário do *ḥerem* divinamente autorizado. Nesse texto, a destruição do inimigo, por Javé e seu povo, é total.

Davi antigo, o novo não pôde ser derrotado. Na manhã da Páscoa, ele trouxe a vitória final para a casa de Davi, para a casa de Judá, para a casa de Israel — e para a casa de Adão.

A existência da Igreja se passa nessa era davídica. Ele foi declarado Rei pelos seus seguidores, a despeito do que seus inimigos possam dizer a respeito dele. A Igreja prossegue, por meio da fé, vivendo no tempo e no espaço a realidade escatológica do Filho de Davi definitivo:

> Diante de Deus, que a tudo dá vida, e de Cristo Jesus, que diante de Pôncio Pilatos fez a boa confissão, eu lhe recomendo: Guarde este mandamento imaculado e irrepreensível, até a manifestação de nosso Senhor Jesus Cristo, a qual Deus fará se cumprir no seu devido tempo.
>
> Ele é o bendito e único Soberano,
> o Rei dos reis
> e Senhor dos senhores,
> o único que é imortal
> e habita em luz inacessível,
> a quem ninguém jamais viu
> nem pode ver.
> A ele sejam honra e poder para sempre. Amém (1Tm 6.13-16).
>
> Por isso Deus o exaltou
> à mais alta posição
> e lhe deu o nome que está acima de todo nome,
> para que ao nome de Jesus
> se dobre todo joelho,
> nos céus, na terra
> e debaixo da terra,
> e toda língua confesse que Jesus Cristo é o Senhor,
> para a glória de Deus Pai (Fp 2.9-11).

Essa é a realidade crucial do cristão, partilhada por aqueles que apoiaram o "primeiro Davi", quando o viram em Ziclague, e, mais tarde, pelo cronista, ao ver muito além da humilhação imposta pelo governante persa, ao olhar para um futuro iluminado pelo segundo Davi.

A era davídica atual deve ser sucedida na História por uma nova era salomônica. Esse é o futuro do Universo, a era do novo templo, plenamente presente no Cristo encarnado e triunfalmente exibida no *eschaton*. A mudança do presente período davídico para a futura era salomônica é a mudança da teologia da cruz vivida para uma teologia da glória manifesta. Isso indica a festa da grande coroação final. As festas das quais participaram os que celebraram a coroação de Davi em Hebrom (1Cr 12.38-40) e de Salomão em Jerusalém (29.20-22), apesar de toda a sua alegria, são insignificantes se comparadas à festa que aguarda todos os cristãos. Essa festa escatológica reúne todos os filhos de Deus que estavam dispersos — não só os de Israel, mas também os filhos de Adão, que estavam afastados (v. 1Cr 1.1). A antevisão dessa festa eterna alimenta a Igreja na terra até os dias de hoje.

O cronista e a literatura intertestamentária fazem uso da antiga lei do *ḥerem*. Lemos no texto exclusivo de 2Crônicas 20 que Josafá enfrentou "um exército enorme" (v. 2), cujo tamanho o deixou alarmado, apesar de seu exército ser composto por 1.160.000 homens de combate (17.14-18). Antes que a batalha começasse, porém, "o Senhor preparou emboscadas", e os homens de Amom, de Moabe e dos montes de Seir, que tinham formado uma coligação, atacaram-se uns aos outros e destruíram-se mutuamente (20.22,23).[43] Judá precisou apenas recolher os despojos, em obediência à lei de Deuteronômio 20.13,14. De modo significativo, não foi o exército de Josafá, mas o próprio Deus quem destruiu o inimigo.

A imposição do próprio *ḥerem*, ou anátema, é identificável nos textos escatológicos do NT. Observe, por exemplo, o conhecido texto de 2Pedro 3.7,10,13:

> Pela mesma palavra os céus e a terra que agora existem estão reservados para o fogo, guardados para o dia do juízo e para a destruição dos ímpios [...].
>
> O dia do Senhor, porém, virá como ladrão. Os céus desaparecerão com um grande estrondo, os elementos serão desfeitos pelo calor, e a terra, e tudo o que nela há, será desnudada [...]. Todavia, de

[43]Outros exércitos inimigos que mantinham aliança também se destruíram mutuamente em outros textos bíblicos. V., p. ex., Juízes 7.22; Ezequiel 38.21; Ageu 2.22; Zacarias 14.13. Também é relevante que o texto de 2Reis 3, que alguns eruditos pensam ter sido substituído por 2Crônicas 20, apresente uma aniquilação mútua do inimigo (2Rs 3.22,23). Relatos extrabíblicos do Oriente Médio antigo também descrevem a autodestruição de exércitos [Moshe Weinfeld, Divine Intervention in War in Ancient Israel and in the Ancient Near East, in: *History, Historiography and Interpretation*, ed. H. Tadmor & M. Weinfeld (Jerusalem: Magnes, 1983), p. 121-47].

> acordo com a sua promessa, esperamos novos céus e nova terra, onde habita a justiça.

Embora nem 2Pedro nem outro texto do NT fale especificamente do *ḥerem* do AT, a imagem da completa destruição de toda a terra é um tema predominante na escatologia do NT. A própria pregação de Jesus repetidamente apontava para o Reino de Deus, que envolveria uma alteração violenta e radical de toda a criação. Na parábola do joio, Mateus registra as seguintes palavras:

> Assim como o joio é colhido e queimado no fogo, assim também acontecerá no fim desta era. O Filho do homem enviará os seus anjos, e eles tirarão do seu Reino tudo o que faz tropeçar e todos os que praticam o mal. Eles os lançarão na fornalha ardente, onde haverá choro e ranger de dentes. Então os justos brilharão como o sol no Reino de seu Pai. Aquele que tem ouvidos, ouça (Mt 13.40-43).

Mais adiante, Jesus fala acerca da separação entre as ovelhas e os bodes, quando o Filho do homem vier em sua glória. Para os bodes à sua esquerda, ele profere palavras de destruição final: "Malditos, apartem-se de mim para o fogo eterno, preparado para o Diabo e os seus anjos" (Mt 25.41).

Então, como o NT interpreta e dá seqüência à imagem de um Deus guerreiro? O cerne do NT é a história de Jesus. O leitor tem conhecimento dela já nas narrativas de sua infância — e o que poderia ser incrementado do ponto de vista da história de um Deus guerreiro? Ele é visto na pregação e no ensino, curando, alimentando multidões e até mesmo morrendo pelas mãos da humanidade. Entretanto, uma visão totalmente diferente de Jesus permeia o NT. Na escatologia do NT, Jesus é visto não como um Salvador manso e humilde, mas como o Rei conquistador.

A CONTINUIDADE ENTRE OS TESTAMENTOS: A LIGAÇÃO ESCATOLÓGICA

Como a trajetória que desenvolvemos nos pode ajudar a entender o *ḥerem*/anátema e a continuidade dos Testamentos? Permita-me resumir com a proposição de que a ligação entre os mais antigos textos referentes à guerra santa com sua lei do *ḥerem* e o NT é escatológica. O Deus que ordenou e, em certas ocasiões, pessoalmente executou o *ḥerem* contra os inimigos de Israel é o mesmo que executará juízo e destruição no fim dos tempos.

A imagem de Jesus como guerreiro conquistador não é nenhuma surpresa se pensarmos no desenvolvimento do quadro bíblico de guerra e destruição de todos os que se opunham ao Deus de Israel. Quando Israel entrou em Canaã, outras nações ocupavam a terra. Elas se colocaram não só contra a nação, mas também contra o Deus que dera a terra a Israel. A imposição do anátema ou *ḥerem* sobre essas nações foi uma seqüência concreta e sangrenta de acontecimentos, levados a efeito no tempo e no espaço. Nesse sentido, Israel adotou as mesmas práticas violentas de vitória das outras nações.

Antes que fosse tarde, a destruição genocida das nações adversárias tomou novas proporções, de caráter mais cósmico. Ao fim do período do AT, o cronista faz uma formidável aplicação teológica da antiga tradição da guerra santa. Combates que envolviam um grande contingente de tropas são decididos por meio de atos divinos no campo de batalha. O sobrenatural permeia essa história teológica. Deus age no tempo e na História junto com Israel para beneficiá-los. Até mesmo os anjos lutam a favor do povo de Deus. Opor-se ao povo de Deus é o mesmo que se opor ao próprio Deus. O resultado inevitável é a completa destruição dos inimigos.

A literatura apocalíptica do período intertestamentário faz essa guerra e o *ḥerem* adquirirem proporções ainda maiores. O genocídio divinamente executado não é mais praticado em tempo real, mas no fim dos tempos, instaurando uma nova e gloriosa era para o povo de Deus. Javé, seus anjos e seu povo serão vitoriosos, e os inimigos serão destruídos.

O poderoso quadro escatológico intertestamentário forma a matriz na qual se concretizou o ministério de Jesus e dos apóstolos. De acordo com o NT, Jesus, o Juiz, tendo destruído a terra e seus habitantes rebeldes, inaugurará seu glorioso Reino. À semelhança da imposição do *ḥerem* na antiga guerra santa, a imposição escatológica é a que procede da justiça e da retidão. Como nos últimos textos do AT, ela acontece com ímpeto cósmico no fim dos tempos e dá início a uma nova era.

Entretanto, essas imagens não devem ser interpretadas como paradigmas para implementação de guerra santa por nenhuma nação na atualidade. Isso se deu exclusivamente com o antigo Israel, que foi ao mesmo tempo "Igreja" e "Estado". Em outras palavras, eles tinham uma identidade teológica como reino de sacerdotes e nação santa, bem como uma identidade política no que tange à organização. O refrão: "Eu os farei meu povo e serei o Deus de vocês" (Êx 6.7; v. Lv 26.12; Sl 95.7; Jr 11.4) reflete um relacionamento complexo, mas vital, entre o Senhor e seu povo.

Israel era o povo escolhido, chamado dentre as nações do mundo para manter um relacionamento exclusivo e especial com Deus. O livro de Deuteronômio oferece uma clara explicação dessa identidade, concedida por ocasião do chamado do patriarca Abraão em Gênesis 12: "Pois vocês são um povo santo para o SENHOR, o seu Deus. O SENHOR, o seu Deus, os escolheu dentre todos os povos da face da terra para ser o seu povo, o seu tesouro pessoal" (Dt 7.6). Esta é a fonte da obra salvadora de Deus na redenção de Israel do cativeiro no Egito:

> Vocês viram o que fiz ao Egito e como os transportei sobre asas de águias e os trouxe para junto de mim. Agora, se me obedecerem fielmente e guardarem a minha aliança, vocês serão o meu tesouro pessoal dentre todas as nações. Embora toda a terra seja minha, vocês serão para mim um reino de sacerdotes e uma nação santa (Êx 19.4-6a).

Esse povo, embora não fosse numeroso nem poderoso, mantinha contudo uma identidade singular com o Senhor que governa toda a terra.

A única identidade de Israel no mundo era a de povo de Deus. Isso não era um atributo externo acrescentado à sua identidade: constituía a própria identidade de Israel. Deus nunca dissera a nenhum outro povo: "Sejam santos porque eu, o SENHOR, o Deus de vocês, sou santo" (Lv 19.2). O Senhor seria sempre "o Deus deles", e Israel seria sempre "o povo dele". O profeta Isaías, ao confortar seu povo, relembra-lhes que eles são os servos de Javé, eleitos em Jacó, descendentes de Abraão (Is 41.8).

Além de sua identidade teológica, Israel tinha também uma identidade política. O rei Abias, na batalha contra as tribos rebeldes do norte de Israel, identificou o legítimo trono de Judá com o "reino do SENHOR que está nas mãos dos descendentes de Davi" (2Cr 13.8). Mesmo antes do estabelecimento da monarquia davídica, Israel já era uma nação com identidade política própria, no Egito ou na terra prometida. É por essa razão que a antiga legislação de guerra foi criada antes que eles entrassem na terra que seria seu lar. Israel interagiria com as nações do mundo não só no comércio, mas também na guerra. Estaria em constante risco de ataque dos povos que o cercavam, especialmente o povo da terra: os hititas, os amorreus, os cananeus, os ferezeus, os heveus e os jebuseus. Essas nações deveriam ser totalmente destruídas (Dt 20.16-18), pois, ao fazê-lo, a vida da nação na terra estaria assegurada. Israel não deveria temer porque Javé, seu Deus, lutaria por eles. Resistir a Israel equivaleria a resistir ao próprio Javé.

Contudo, esse não é o caso da Igreja do NT. Ela não tem outra identidade que não a de povo de Deus. Não tem fronteiras políticas nem territoriais. Não forma exércitos nem luta em batalhas com armamento, antigo ou moderno. Todavia, a violência entre nações certamente ocorre, e membros da Igreja encontram-se, individualmente, nos governos e na carreira militar de muitas nações terrenas. Entretanto, no que se refere à própria Igreja, sua identidade é apenas a de organismo teológico, cuja guerra não é carnal, mas espiritual.

Até que chegue o *eschaton*, a Igreja sofrerá neste mundo, particularmente nas mãos dos inimigos de Deus. Entretanto, os que atacam a Igreja atacam o Senhor dela, e no fim terão o mesmo destino que os antigos inimigos de Israel. O terrível *ḥerem* final não será imposto pela Igreja, mas pelo Senhor da Igreja. Afinal, a vingança pertence ao Senhor.

Assim, de que modo isso se aplica à ética da guerra na atualidade e ao problema crônico do genocídio? Nenhuma nação, politicamente organizada e geograficamente limitada na terra, pode, nos dias de hoje, reivindicar que é o povo de Deus como foi Israel outrora. A distinção como "povo de Deus" pertence apenas à Igreja, e a Igreja não pega em armas. Nenhum ser humano pode impor o *ḥerem* sobre outros seres humanos. Quando Israel impôs o anátema, o fez sob ordem divina. Em tais situações, Israel agiu em sinergia com seu Deus. Na literatura veterotestamentária posterior, é o próprio Deus que não só impõe, como também executa o *ḥerem*. No fim dos tempos, Deus o imporá outra vez, da mesma maneira, não contra determinada nação, mas contra todos os que se opuseram a ele e ao seu Reino.

O Senhor é o único que concede a vida e é o único que pode tirá-la. Isso não é uma defesa da posição pacifista, visto que Deus pode entregar e entrega a espada da justiça nas mãos do governo humano. Contudo, ele não entrega a espada da agressão, nem mesmo a reis ou príncipes. Com Agostinho, uma longa tradição mantém-se na Igreja ocidental: o cristão pode entrar na guerra, mas só se for uma guerra justa.

Envolver-se em genocídio (com exceção da ordem divina do *ḥerem* dada a Israel) é simplesmente praticar assassinato em massa. Essa é a razão pela qual as nações da atualidade têm procurado coibir tais atos. Por exemplo, a Convenção de Genebra tem o intuito de proteger a vida de não-combatentes e da população civil mesmo em épocas de intenso combate. Numa era de guerra nuclear, biológica e química (as famosas "armas de destruição em massa") e de armamentos "convencionais" devastadores, esses mecanismos de proteção têm pouco valor na prática. Diante de tudo isso, essas convenções parecem inúteis. Enquanto alguns buscam desesperadamente prevenir os genocídios, outros buscam a todo custo impô-lo aos inimigos.

Em última análise, essas resoluções continuam a falhar no cumprimento de seus bons e nobres objetivos, não por motivos políticos ou militares, mas por motivos teológicos. O mundo ainda continua em rebelião contra Deus, assumindo para si as prerrogativas que são exclusivas dele. Afirmar que uma nação ou povo merece ser extinto compete ao Criador, não à criatura. Fazer isso é blasfemar contra o Divino pela divinização do humano. Ainda que uma nação se declare moralmente justa com o objetivo de tomar parte numa corte internacional e julgar outra nação, no final o próprio Deus, em sua justiça perfeita, julgará essa nação.

No começo deste ensaio, perguntei: "Como pôde um Deus de amor, conhecido nas páginas do NT como o Cordeiro de Deus, manso e humilde, ordenar essas práticas brutais? Será que devemos colocar uma barreira de isolamento entre o AT e o NT, para preservar a integridade de ambos? Haveria alguma correlação entre esses antigos relatos a respeito do povo de Deus (Israel) e a imagem divina do Salvador, tão predominante nos evangelhos?".

Uma primeira resposta a essas perguntas relaciona-se com o caráter de Deus em sua perfeição. Ele é santo, pelo que se depreende da reação de Isaías: "Ai de mim! Estou perdido! Pois sou um homem de lábios impuros e vivo no meio de um povo de lábios impuros; os meus olhos viram o Rei, o SENHOR dos Exércitos!" (Is 6.5). Deus não é mero reflexo da cultura humana nem o que as impressões do coração humano imaginam. Sua santidade está muito além da compreensão humana e envolve não só sua pureza ética, mas também sua suprema majestade e absoluta transcendência. Em sua presença, nada que seja pecaminoso pode subsistir.

Deus não é apenas santo: ele também é justo. Sua justiça não é análoga a nenhum sistema humano de justiça. Moisés declarou: "Ele é a Rocha, as suas obras são perfeitas, e todos os seus caminhos são justos. É Deus fiel, que não comete erros; justo e reto ele é" (Dt 32.4). Se existe um problema de compreensão das ordens e atitudes de Deus, o problema não reside nele, e sim nas limitações humanas. Sua justiça é pura e reta, mesmo quando esta impõe a destruição dos inimigos, seja no tempo, seja na História, seja além do tempo e da História, o que equivale a dizer: escatologicamente.

Uma questão mais relevante que perguntar por que Deus ordenou práticas tão cruéis como o extermínio dos cananeus é perguntar por que ele não ordenou a destruição de toda a raça humana no tempo e na História. Ele certa vez fez isso, no tempo de Noé. Contudo, mesmo em tal situação, preservou um pequeno grupo na arca. Ele usou exércitos humanos contra seu próprio povo numa "guerra santa às avessas", mas sempre preservou um remanescente. A questão aqui não se refere de fato ao amor de Deus, e sim à sua justiça, posta em prática outrora na História, tal como o será no último dia. Ele preservou seu povo no passado e sempre o preservará.

Entretanto, a resposta última a essas perguntas é encontrada somente na pessoa de Jesus Cristo, a quem vemos no NT como Cordeiro e Juiz. A ordem divina de exterminar um inimigo reflete sua santidade e justiça, mas estas não podem ser entendidas sem a misericórdia, a graça e a longanimidade do mesmo Deus. É de fundamental importância no ensino do NT esse confronto da santidade e da justiça com a misericórdia e a graça, expresso no sofrimento santo e inocente de Jesus em sua morte. Ao morrer, ele suportou de todo a ira da justiça de Deus no lugar da raça humana. Aqui está o Cordeiro, o sacrifício por todos os que estão em inimizade contra Deus. O mundo permanece condenado sob a perfeita santidade e justiça de Deus. Foi para essa massa humana condenada que Deus enviou seu Filho para trazer resgate, vida e salvação a todos os que crêem. Dessa forma, a justiça de Deus é transformada por meio de sua misericórdia.

No Jesus escatológico, encontra-se a unidade entre o tempo e a eternidade e também a unidade entre os Testamentos. Foi ele mesmo que certa vez disse: "Vocês estudam cuidadosamente as Escrituras, porque pensam que nelas vocês têm a vida eterna. E são as Escrituras que testemunham a meu respeito" (Jo 5.39). Aquele que é o Cordeiro será visto novamente como Juiz. Todas as nações estarão diante dele e receberão seu justo juízo. Seu remanescente está preservado para a eternidade. Seus inimigos serão destruídos em seu terrível e derradeiro *ḥerem*.

Na história, enquanto o antigo Israel lutava suas guerras, a vitória final de Deus continuava latente. É para essa vitória que Deus convida o mundo por intermédio do Cordeiro. No fim dos tempos, a sentença judicial escatológica do *ḥerem* será pronunciada. Enquanto isso não ocorre, o povo de Deus continuará a ser resgatado de todas as nações, todos os povos e línguas. Eles não temerão, pois Javé, seu Deus, lutará por eles.

Réplica do ponto de vista da

DESCONTINUIDADE RADICAL

a Daniel L. Gard

C. S. Cowles

Daniel Gard juntou e costurou textos do *ḥerem* genocida para formar uma engenhosa "trajetória" de "continuidade escatológica [...] entre o Antigo e o NTs". Embora ele seja fiel aos "pressupostos" de sua "declaração de fé" no que se refere à "idéia de que as Escrituras são um registro histórico fidedigno",[1] seu projeto criativamente elaborado propõe questões essenciais que precisam ser discutidas.

O GENOCÍDIO NO MUNDO ANTIGO

Gard observa que, quando se trata de genocídio, "a nação de Israel não apresentava [...] nenhuma inovação no Oriente Médio antigo. Eles seguiam as práticas de outras nações, que costumavam implementar um *ḥerem* correspondente". Entretanto, os exemplos citados por ele ocorreram três ou quatro séculos *depois* da conquista. Sendo assim, não foi Israel que seguiu as "práticas de outras nações", mas as nações que adotaram a ideologia e a prática de Israel. O que é surpreendente, em face do predomínio do genocídio no século XX, é que pouquíssimas nações seguiram a orientação de Israel. Nações idólatras tiveram mais compaixão por seus inimigos do que Israel.

[1]V. tb. Daniel G. Reid e Tremper Longman III, When God Declares War, *Christianity Today* (Oct. 28, 1996), p. 17.

O GENOCÍDIO CANANEU E A JUSTIÇA DE DEUS

Um senso de irrealidade inevitavelmente acompanha a interpretação que fazemos de qualquer coisa da qual estejamos separados por muito tempo. Isso fica muito claro no ensaio de Gard, em que ele clinicamente disseca as atrocidades genocidas do AT com o frio desapego de um agente de controle de pragas que discute a questão do extermínio de cupins. Há uma notável insensibilidade ao fato de que pessoas reais são vítimas de chacina — seres humanos criados à imagem de Deus e por quem Jesus morreu. Ele não revela a mínima simpatia pelas nações totalmente destruídas, de modo que "nenhum ser que respirasse deveria continuar vivo".

A razão pela qual Gard se refere aos cananeus com tanta indiferença é sua convicção de que a "imposição do *ḥerem* [...] procede da justiça e da retidão". Essa conclusão deriva da convicção teológica de que "Deus não é apenas santo: ele também é justo". Contudo, ao perceber a impossibilidade de manter qualquer noção de justiça diante do genocídio, seja na Antiguidade, seja na atualidade, Gard adverte que a "justiça [de Deus] não é análoga a nenhum sistema humano de justiça".

Um modo tão dissimulado de se "esquivar dos tiros" não pode prevalecer. Se cremos, como diz o próprio Gard, que "a revelação não se dá apenas por intermédio da Palavra escrita, mas também por meio dos atos de Deus na História", e que "Deus revela-se até mesmo na brutalidade da guerra no passado", então temos inúmeras evidências no AT para julgar a suposta justiça de Deus. Acã, por exemplo, talvez tenha sido condenado de maneira justa, por ter violado "o anátema" imposto sobre os despojos de Jericó. Mas onde encontramos a justiça em seu apedrejamento e na decisão de queimar "seus filhos e filhas" com ele (Js 7.24,25)? O que torna esse juízo ainda mais ultrajante é que o que foi proibido em Jericó foi permitido em Ai.

Vemos esse mesmo tipo de arbitrariedade no manual de guerra prescrito por Moisés em Deuteronômio 20, no qual apenas os homens deveriam ser mortos quando os israelitas conquistassem cidades distantes (Dt 20.10-15). Todavia, no que se referia às cidades próximas, a ordem era: "Não deixem vivo nenhum ser que respira" (v. 16,17). A causa das últimas serem aniquiladas e das primeiras serem poupadas não tinha nenhuma relação com o grau de idolatria e corrupção moral, mas unicamente com a proximidade geográfica.

Os gibeonitas, de modo semelhante, foram poupados da destruição não porque eram mais justos que os cananeus, mas porque Josué não queria descumprir a palavra dada, apesar de ter sido enganado. No incidente com os gibeonitas, Josué desobedeceu à ordem expressa de Moisés para destruir totalmente os cananeus, que dissera: "Não tenham piedade" (Dt 7.2). Entretanto, ao contrário de Acã, nem Josué nem sua família foram apedrejados ou queimados. Que justiça é essa?

A aniquilação dos amalequitas no tempo de Samuel não tinha relação alguma com justiça, e sim com vingança. Os infelizes descendentes de Amaleque foram injustamente exterminados, sem piedade, por algo que seus antepassados haviam feito mais de dois séculos antes. O que torna isso ainda mais inexplicável é o fato de que essa suposta ordem divina violava o mandamento dado anteriormente pelo próprio Deus a Moisés: "Os pais não serão mortos em lugar dos filhos, nem os filhos em lugar dos pais; cada um morrerá pelo seu próprio pecado" (Dt 24.16). Chegamos, assim, a um estranho impasse, em que as ordens de Deus violam as leis de Deus.

Quando as 11 tribos "consultaram ao SENHOR" (Jz 20.27) para saber se deveriam lutar contra os benjamitas a fim de vingar o estupro e o assassinato da concubina do levita de Efraim (19.12-30), "o SENHOR respondeu: 'Vão, pois amanhã eu os entregarei nas suas mãos' " (20.28). Depois que derrotaram o exército dos benjamitas, os homens de Israel atacaram suas cidades indefesas e "passaram [...] à espada" todas as mulheres e crianças (v. 48).

Entretanto, a matança genocida não termina aí. Com o propósito de providenciar esposas para os 600 guerreiros de Benjamim que haviam fugido para os montes e assim repovoar aquela tribo, os israelitas atacaram os habitantes de uma de suas próprias cidades, os quais se tinham recusado a participar da guerra genocida contra os companheiros de outra tribo. Os soldados foram instruídos a sair e matar todos os homens, mulheres e crianças de Jabes-Gileade, exceto as "moças virgens" (21.12). Em seguida, as virgens foram capturadas à força pelos guerreiros sobreviventes de Benjamim e tomadas como esposas (v. 10-24). Em toda essa matança mutuamente destrutiva de mulheres e crianças israelitas e o estupro obrigatório de moças virgens, onde estava a demonstração da justiça de Deus? Por outro lado, há um aspecto positivo nessa sórdida saga da fúria de Israel contra si mesmo: o *ḥerem* como ideologia e estratégia da guerra de Javé foi totalmente desacreditado e abandonado. Nunca mais os israelitas recorreriam ao genocídio em nenhuma de suas guerras.

Em termos de justiça, o mais indefensável foi o extermínio de crianças cananéias e israelitas: "Ouçam", protesta Ivã na obra de Dostoiévski, *Os irmãos Karamázov*, "mesmo que admitamos que cada pessoa deva sofrer porque seu sofrimento seria necessário para pagar pela harmonia eterna, ainda assim, por Deus, me digam, onde as crianças entram nisso?".[2] Boa pergunta. Por que as crianças em especial foram alvo do genocídio? Que mal elas haviam feito? Podemos descartá-las, como fez Timothy McVeigh no atentado à bomba em Oklahoma, simplesmente como um "efeito colateral"? Justificar o assassinato de "criancinhas", a quem Jesus abençoou e afirmou serem "o maior no Reino dos céus" (Mt 18.3,4), por meio de um apelo à doutrina da depravação total[3] não só desmoraliza as doutrinas da criação, redenção e graça, mas também dirige um ataque direto à afirmação categórica de João de que "Deus é amor" (1Jo 4.8,16). O genocídio em qualquer época, em qualquer lugar, por qualquer que seja o motivo, escarnece, difama e destrói toda noção de justiça. Para resumir numa palavra, é *anticristão*.

A ESCATOLOGIA

A tese básica de Gard é que existe uma "trajetória" de genocídio divinamente iniciado e autorizado que começa com a aniquilação dos cananeus em "tempo real" e termina com a destruição genocida dos "ímpios" no fim dos tempos. Contudo, por um lado, é difícil imaginar algo mais descontínuo,

[2]Fyodor Dostoyevsky, *The Brothers Karamazov* (New York: Bentam, 1970), p. 294 [publicado em português pela Ediouro, *Os irmãos Karamázov*].

[3]Gard insinua isso quando, numa tentativa de justificar "o extermínio dos cananeus", pergunta: "Por que ele [Deus] não ordenou a destruição de toda a raça humana no tempo e na História?". Tremper Longman III, em seu ensaio, afirma: "A Bíblia não entende a destruição de [...] crianças dessas cidades como uma matança de inocentes. Nem mesmo as crianças são consideradas inocentes. [Eles todos faziam] parte de uma cultura má em sua ausência".

desconexo e antitético que o extermínio imoral dos cananeus sem se levar minimamente em conta a relativa culpa ou a inocência de indivíduos, e, por outro, o juízo final presidido pelo "Cordeiro que foi morto desde a criação do mundo" (Ap 13.8). Quando as nações estiverem perante o "grande trono branco" (20.11), nenhum feto será arrancado do útero da mãe, nenhum bebê será destinado ao inferno e nenhuma criança será banida para "as trevas exteriores". Ninguém será lançado "no lago de fogo" (v. 15) por causa de sua raça, nacionalidade ou filiação religiosa. Ninguém ouvirá: "Apartai-vos de mim" (Mt 7.23, ARA) só pelo fato de ter nascido no lugar errado e na época errada. Além disso, ninguém sofrerá os tormentos eternos de ficar separado de Deus para sempre, em decorrência dos pecados de seus antepassados.

O genocídio cananeu foi executado por israelitas falíveis e pecadores tão propensos à idolatria, à desobediência e à maldade quanto os povos que eles destruíram. O juízo final será presidido por um Deus que "em Cristo estava reconciliando consigo o mundo" (2Co 5.19); um Deus que "prova o seu próprio amor para conosco pelo fato de ter Cristo morrido por nós" (Rm 5.8, ARA); um Deus "que deseja que todos os homens sejam salvos e cheguem ao conhecimento da verdade" (1Tm 2.4); um Deus em Cristo que tratou cananeus e estrangeiros com tanta compaixão, dignidade e respeito quanto o faria a qualquer israelita; um Deus que "é bondoso para com os ingratos e maus" e "misericordioso" (Lc 6.35,36); um Deus que presidirá um juízo justo no fim dos tempos, no qual será totalmente coerente com a revelação de si mesmo na pessoa de seu Filho encarnado, Jesus; um Deus que, em Cristo, preferia ser crucificado a crucificar, que preferia ser destruído a destruir, que preferia morrer a condenar — e que praticou tudo isso.

Há um céu a ser ganho e um inferno a ser evitado. Aqueles que, no fim de tudo, forem passar a eternidade separados de seu amoroso Criador e Redentor viverão essa realidade unicamente porque mudaram de lado e, intencionalmente, desconsideraram o corpo morto do Cristo crucificado e porque deram as costas ao convite da graça do Senhor ressuscitado: "Venham a mim, todos os que estão cansados e sobrecarregados, e eu lhes darei descanso" (Mt 11.28). Quando eles partirem para a condenação, uma lágrima escorrerá do rosto de nosso Salvador.

Réplica do ponto de vista da

DESCONTINUIDADE MODERADA

a Daniel L. Gard

EUGENE H. MERRILL

Inicio minha interação com a contribuição do professor Gard para a discussão sobre o genocídio no AT, recomendando-o pelo fato de apresentar seu ponto de vista com clareza e convicção. O fato de ter-se concentrado na escatologia como princípio unificador possibilitou-lhe desenvolver o argumento de modo extraordinariamente coeso. Dito isso, entretanto, parece haver uma "camisa de força" na imposição de um esquema *heilsgeschichtliche* [do alemão: "referente ao plano da salvação"], que leva certos elementos de seu argumento a fracassar ou, na melhor das hipóteses, que os torna insuficientes para convencer. Antes que esse e outros problemas sejam tratados, talvez seja útil fazer um esboço da perspectiva apresentada por Gard da seguinte maneira: 1) seus pressupostos acerca das Escrituras, da escatologia e do papel desempenhado por Israel no futuro; 2) seu entendimento da natureza de Deus; 3) sua concepção de guerra santa; 4) seu discernimento sobre a natureza da história sagrada. Esses elementos estão inextricavelmente ligados e atualizam-se mutuamente, conforme Gard deixa transparecer em seu ensaio.

OS PRESSUPOSTOS BÁSICOS

Após lidar com a tensão que inevitavelmente surge ao comparar o Deus guerreiro do AT com o Cordeiro de Deus no NT, Gard ressalta que nenhum muro de separação pode ser levantado entre o AT e o NT, nem se pode descartar os relatos de guerra e genocídio ou "considerá-los textos desprovidos de valor histórico". Na verdade, ele insiste em que não só o registro dos acontecimentos, mas os próprios acontecimentos, já são reveladores — "Deus se revela até mesmo na brutalidade da guerra no passado". Esses textos, porém, devem ser interpretados em seu contexto canônico com uma percepção quanto ao seu possível significado tipológico. A hermenêutica que serve de base a esse aspecto da posição de Gard acerca das Escrituras será tratada em breve. Por ora, basta dizer que nenhum problema em sua argumentação pode ser atribuído a uma concepção deficiente da natureza da Bíblia.

Pelo termo "escatologia", Gard refere-se basicamente ao NT e a acontecimentos do fim dos tempos, principalmente a estes. Pelo fato de insistir em que os episódios de guerra santa do AT foram acontecimentos genuinamente históricos, ele é levado a afirmar categoricamente que a guerra escatológica também deve ser entendida em sentido literal, visto que os exemplos do AT são tipos de outros que estão para acontecer. Na realidade, "a ligação entre os mais antigos textos referentes à guerra santa com sua lei do *ḥerem* e o NT é escatológica". Para Gard, o único fato que, em última análise, pode levar à correta interpretação do genocídio do AT é a constante orientação para as coisas futuras. Os exemplos de guerra santa do AT advertem acerca do dia do juízo, que ainda se cumprirá.

Por estarmos cientes da posição escatológica de Gard, não nos causa surpresa o fato de ele omitir qualquer referência ao papel desempenhado por Israel nos tempos escatológicos. Obviamente, ele não vê essa função, já que, segundo seu ponto de vista, a Igreja se tornou o povo exclusivo de Deus, um povo que, é claro, também incorporou os judeus (ou Israel). Naturalmente, ele não deve ser execrado por essa omissão, quando se trata de teologia da guerra santa, pois nenhum sistema concebe a idéia de Israel praticar a guerra santa no futuro, exceto talvez quando o próprio Israel for libertado pelo Senhor na grande tribulação e no Milênio, e isso apenas de acordo com a hermenêutica dispensacionalista.

A NATUREZA DE DEUS

Um dos principais problemas para os que se afligem com o problema ético e moral da guerra santa é a aparente contradição entre sua autorização — ou a ordem de executá-la, para ser mais exato — no AT e o fato de não haver menção dela nos ensinos de Jesus e dos apóstolos, no NT, com a exceção já observada dos textos escatológicos. Para ser franco, pode-se legitimamente perguntar: "O Deus do AT é o mesmo do NT?".

Gard, curiosamente, não encara essa questão, embora não haja dúvidas quanto à sua resposta na análise conclusiva. O Deus "guerreiro" do AT é o Deus e Pai de nosso Senhor Jesus Cristo. Isso se confirma principalmente nos temas escatológicos, que ligam os Testamentos, e no próprio caráter de Deus, o Eterno.

Quanto à ligação escatológica, Gard faz três observações: 1) O cronista, no fim do período do AT, usa bastante as tradições antigas da guerra santa, o que sugere, portanto, que a guerra santa não se limitava ao passado distante. 2) A literatura apocalíptica do período do segundo templo "faz essa guerra e o *ḥerem* adquirirem proporções ainda maiores". Longe de ser antiquado ou ultrapassado, o judaísmo entendia que a obra do Deus guerreiro ainda não se completara e tinha de alcançar sua finalidade numa era vindoura. 3) O NT ensina que Jesus voltará como Juiz para destruir a terra e seus habitantes rebeldes e que, ao fazê-lo, inaugurará seu Reino glorioso. Esse fio intacto da esperança escatológica leva-nos à única conclusão possível: o Deus de Israel é o Deus da Igreja, e seu papel de Deus guerreiro permeia ambas as dispensações.

No que se refere ao caráter de Deus, Gard estabelece uma ligação entre a imagem do Guerreiro no AT e a imagem de Salvador nos evangelhos, para enfocar dois atributos de Deus que são transtestamentários e uma dúvida que exige uma resposta. Ele afirma com propriedade que Deus é intrinsecamente santo, não um "mero reflexo da cultura humana nem o que as impressões do coração humano imaginam". Uma conseqüência disso é que, "em sua presença, nada que seja pecaminoso pode subsistir". Visto que o assunto em questão é a *natureza* de Deus, e não apenas um aspecto funcional, é esperar que o pecado deva ser tratado da mesma maneira em cada geração, a saber, pelo extermínio completo e radical. Ao lado da santidade, está a justiça de Deus, que, conforme Gard prestimosamente indica, talvez nem sempre possa ser compreendida ou pareça agradável à mente humana, mas que não pode, por essa razão, ser rejeitada como algo indigno dele. "Se existe um problema de compreensão das ordens e atitudes de Deus, o problema não reside nele, e sim nas limitações humanas", comenta Gard.

A questão apresentada por Gard é mais relevante e desafiadora: se Deus destruiu os cananeus por meio do genocídio, "por que ele não ordenou a destruição de toda a raça humana"? A resposta é que ele de fato já fez isso, pelo menos com a esmagadora maioria, no Dilúvio, de proporções universais. E, com base em sua tese escatológica, Gard lembra que um "genocídio" cananeu ainda está para acontecer, no último dia do juízo de Deus.

A NATUREZA DA GUERRA SANTA

Uma parte menos convincente da argumentação do professor Gard é a descrição da guerra santa veterotestamentária, tanto em termos de definição quanto de aplicação. Em parte, o problema reside, evidentemente, na falta de consenso por parte dos eruditos quanto ao que seria a condição essencial para o início desse conflito. Se seguirmos as 13 características propostas por von Rad, a maioria dos relatos de guerra do AT pode ser facilmente rotulada de "guerra santa". Gard, ao perceber os problemas inerentes a uma definição tão ampla, discorre sobre a guerra santa em sua forma mais pura, ou seja, a da dedicação de todos os despojos a Javé e da destruição de todos os seres vivos. Formas menos "puras" de guerra santa permitiam exceções, como poupar a vida de mulheres, crianças e rebanhos, mas os homens invariavelmente deveriam ser mortos, principalmente os que procediam de uma das sete nações cananéias. Entretanto, após dizer tudo isso, Gard segue adiante, afirmando que o *ḥerem* pós-exílico não exigiu nenhuma morte, pelo menos numa ocasião (Ed 10.8). No entanto, os exemplos por ele citados, que foram extraídos do cronista, são irrelevantes para o período pós-exílico, porque, sem exceção, se referem a acontecimentos pré-exílicos.

Outra evidência da imprecisão de Gard em termos de definição e limitação da guerra santa é a junção de todos os elementos de Deuteronômio 20 como se eles fossem uma exposição da ideologia e da prática da guerra santa. Somente num sentido mais amplo os versículos de 1 a 15 poderiam ser qualificados como tal, pois, embora certas características [p. ex., a participação de Javé (v. 1,4) e a presença dos sacerdotes (v. 2,3)] também sejam elementos da guerra santa, aqueles mesmos critérios da "pura" guerra santa propostos por Gard — ou seja, a dedicação dos despojos de guerra a Javé e a destruição de todos os seres vivos — estão ausentes.

A legítima (ou "pura") guerra santa é descrita nos versículos de 16 a 20, uma seção que começa com uma forte construção adversativa — "contudo", "porém" ou "por outro lado". Nesse contexto, o alvo são as nações cananéias, e o resultado é o *ḥerem*, a total aniquilação de todos os seres vivos.

Outros exemplos propostos, tais como a derrota de Acazias pelas mãos de Jeú (2Cr 22.7) e o exílio de todo o Reino do Sul (36.17), não se encaixam nos critérios de guerra santa, mesmo com a participação de Javé. O próprio Gard é forçado a reconhecer que o povo de Israel nunca "foi totalmente destruído. Eles não foram expostos à completa aniquilação de um genocídio". E "Javé nunca impôs contra Israel o 'anátema' ou *ḥerem* no sentido pleno do termo". À luz dessas advertências, é improvável que esses exemplos, e alguns outros citados em seu ensaio, possam se encaixar adequadamente na categoria de guerra santa.

A NATUREZA DA HISTÓRIA

O aspecto mais preocupante da abordagem de Gard é seu ponto de vista sobre a história bíblica, que percorre bases típicas e analógicas a fim de determinar períodos históricos por meio de uma padronização que tem muito pouca ou nenhuma sustentação, a não ser como idéia preconcebida. Ele começa pela proposição de que os acontecimentos do AT são tipos de acontecimentos do NT — uma concepção com a qual muitos estudiosos da Bíblia concordariam. O problema reside na afirmação arbitrária de que Saul, Davi e Salomão representam respectivamente os períodos históricos de juízo, restauração e redenção final. O simbolismo do fiasco catastrófico de Salomão e de sua monarquia para a redenção final não fica claro no ensaio de Gard.

Mas ele prossegue, afirmando que o ciclo recomeça depois de Salomão, com as eras do novo "Saul" e do novo "Davi". A primeira chega ao fim com o exílio babilônico, que seria o segundo assassinato de Saul. Restam, então, as eras davídica e salomônica. Esses dois novos períodos irão marcar uma restauração sob o governo do Davi *redivivo*, o Filho de Davi, que comandará a escatológica batalha final. Então terá início a redenção final salomônica.

Gard alega ter encontrado todo esse cenário nos escritos do cronista, embora ofereça pouca evidência disso. Segundo essa padronização por meio de eras, a Igreja dos dias de hoje vive a era davídica, que será sucedida pela era salomônica, sendo esta "o futuro do Universo, a era do novo templo, plenamente presente [...] no *eschaton*". Como já foi dito, o desastroso colapso da monarquia unida, causado pela perfídia moral e espiritual de Salomão, dificilmente serviria de paradigma da glória e da vitória escatológicas.

CONCLUSÃO

O professor Gard apresenta uma importante visão heurística sobre a continuidade/descontinuidade do genocídio, com sua ênfase na escatologia como mecanismo de ligação temático-estrutural. Deixando de lado, por um momento, algumas de minhas veementes objeções quanto à sua definição de guerra santa e sua padronização histórica, a contribuição de Gard tem grande valor como avanço hermenêutico e teológico.

Réplica do ponto de vista da

CONTINUIDADE ESPIRITUAL

a Daniel L. Gard

TREMPER LONGMAN III

Em muitos aspectos, meu ponto de vista aproxima-se mais da posição de Gard que da de Merrill ou (especialmente) da de Cowles. Também reconheço e descrevo a continuidade escatológica entre os Testamentos (v. o estágio 5 de meu ensaio). Por isso, minha réplica a Gard será breve. Entretanto, encontro falhas em sua descrição do conceito bíblico de guerra santa, no AT e no NT, e gostaria de salientá-las resumidamente. À medida que descrever o que entendo serem discrepâncias em sua exposição, não explicarei por completo as alternativas que proponho, mas farei menção delas no capítulo que escrevo.

Começarei reconhecendo que considero os argumentos de Gard confusos, por várias razões. Por exemplo, eu questionaria a idéia de que "o modo mais simples de se traçar uma trajetória que parta das narrativas de guerra mais antigas, percorra o AT até o fim, atravesse o período intertestamentário e continue até chegar ao NT é delinear tópicos com alto grau de coesão". Em primeiro lugar, nunca estive certo da importância do argumento que ele tenta desenvolver com base nos tópicos que escolheu. O primeiro tópico é o da derrota. Ele corretamente chama a atenção para o fato de que o AT narra a derrota de Israel e promove uma reflexão sobre seu significado. Isso é verdadeiro com respeito aos textos mais antigos e aos últimos textos do AT. Mas, em seguida, ele sugere que "há também importantes diferenças em Crônicas". Ele descreve Crônicas como uma obra que apresenta uma narrativa da derrota ocorrida durante a geração que desagradou a Javé (retribuição imediata). Essa derrota não teria sido determinada pelos exércitos humanos, mas estaria diretamente ligada à fidelidade do rei e do povo. Mas em que isso difere da derrota diante de Ai, em Josué 7, ou da derrota dos israelitas sob a liderança de Hofni e Finéias, em 1Samuel 4? E, se não há diferença, como se pode afirmar que existe uma trajetória que vai dos relatos mais antigos da guerra santa até os últimos relatos?

Como segundo exemplo, menciono seus comentários sobre monergismo e sinergismo — ou seja, se Deus é retratado lutando sozinho a favor de Israel ou junto com Israel. A essa altura do ensaio, ele escreve que, em algumas batalhas, a ênfase recai em Deus lutando "*pelo* seu povo ou *junto com* ele" (grifo do autor original). Como exemplos do primeiro tipo de ação divina, ele cita a travessia do mar Vermelho (ou dos Juncos) e descrições de certas batalhas em Crônicas, que ele considera relatos mais antigos e mais recentes. De fato, nessa seção ele conclui que "ambos os temas — o combate solitário de Javé e a luta de Javé com a participação do povo — estão entrelaçados nas narrativas bíblicas de guerra". Isso é muito verdadeiro, mas deixa o leitor a se perguntar de que maneira isso poderia estabelecer a orientação básica de uma trajetória.

Na última seção intitulada "A continuidade entre os Testamentos: a ligação escatológica", Gard sugere que houve um desenvolvimento desde as primeiras guerras até as descrições de caráter mais universal das batalhas em Crônicas, em que "destruição genocida das nações adversárias tomou novas proporções, de caráter mais cósmico". O problema que identifico não diz respeito apenas à natureza confusa da análise, mas também à idéia de que uma compreensão não cósmica da guerra santa tenha evoluído para uma compreensão cósmica. Afinal, não só a derrota do Egito no mar Vermelho ocorreu quase que exclusivamente pela intervenção divina (embora Moisés tivesse orado e estendido a vara, que simbolizava a presença de Deus), como também a derrota egípcia do início ao fim foi entendida como uma guerra travada com sucesso contra os deuses do Egito (Êx 12.12; Nm 33.4). Não sei de que maneira esse relato de guerra santa tão antigo poderia ser mais cósmico.

Sendo assim, questiono o tipo de desenvolvimento cronológico que Gard indica ser o fundamento para sua trajetória. De qualquer modo, causa-me estranheza o fato de ele apelar para Crônicas como a última ponte do AT para o NT por meio da literatura intertestamentária. Muito mais relevante — e com o mesmo efeito que o livro de Crônicas por ele utilizado — é a literatura apocalíptica do AT, textos como o de Daniel 7 e Zacarias 14, como tento demonstrar em meu ensaio. Gard reconhece a função dessa literatura num curto parágrafo de três frases, quando passa de Crônicas para a literatura intertestamentária, mas isso é insuficiente, já que são livros como o de Zacarias e, em especial, o de Daniel que explicitamente se relacionam com as passagens apocalípticas do NT (p. ex., Mc 13 e textos paralelos e o Apocalipse).

Além disso, a análise que Gard faz da guerra santa no NT também ultrapassa aquilo que em meu ensaio chamo estágio 4 e que tem prosseguimento imediato no estágio 5. Aqui há um problema, pois as passagens que cito dos evangelhos e das epístolas indicam que os próprios escritores do NT entendiam a guerra espiritual da presente era como uma continuação da guerra física do AT e como uma antecipação da batalha final, no fim dos tempos.

Em suma, concordo com a principal conclusão de Gard, mas fico na incômoda posição de discordar do método por ele utilizado a fim de chegar a ela. Com o devido respeito, recomendo a descrição feita em meu capítulo como uma explanação mais completa e direta dessa conclusão.

1

O ponto de vista da

Descontinuidade radical

C. S. Cowles

2

O ponto de vista da

Descontinuidade moderada

Eugene H. Merrill

3

O ponto de vista da

Continuidade escatológica

Daniel L. Gard

4

O ponto de vista da

Continuidade espiritual

Tremper Longman III

O ponto de vista da

CONTINUIDADE ESPIRITUAL

TREMPER LONGMAN III

Os americanos da atualidade têm problemas para entender a mentalidade de um *mujahaddin* islâmico ("guerreiro santo") como Osama bin Laden. Suas idéias e seu discurso podem parecer muito estranhos aos que fazem parte de uma democracia ocidental moderna, orgulhosa de sua tolerância cultural. Entretanto, os cristãos que conhecem bem a Bíblia deveriam entender exatamente o que motiva suas crenças e atitudes. Duas idéias do AT são análogas à ideologia que alimenta o ideário fanático de Bin Laden: o território sagrado e a guerra do *ḥerem*.

A ira de Bin Laden contra o Ocidente é instigada, ao menos em parte, pela presença de ocidentais na Arábia Saudita. Para a maioria dos muçulmanos, os territórios sagrados incluem as áreas adjacentes aos lugares sagrados em Meca e Medina. Bin Laden ampliou essa idéia de território sagrado, a fim de incluir toda a península Arábica e, dessa forma, expulsar todos os infiéis da Arábia Saudita. A analogia com o AT pode ser encontrada nas áreas sagradas que ficavam nos arredores do tabernáculo e do templo.[1] O santuário era rodeado por círculos de santidade que permitiam apenas a certos tipos de pessoa o acesso à presença de Deus. Essa devoção continuou por todo o período em que o segundo templo permaneceu de pé. Observe, por exemplo, a fúria dos judeus diante da suspeita

[1]V. T. LONGMAN III, *Immanuel in Our Place: Seeing Christ in Israel's Worship* (Phillipsburg: Presbyterian & Reformed, 2001), p. 1-74.

de que Paulo havia introduzido um gentio no pátio do templo (At 21.27-29).

A segunda idéia do Antigo Testamento refletida no ideário de Bin Laden é a da guerra do *ḥerem*, que pode ser comparada com o *jihad* islâmico, já que ambos são mais ou menos entendidos como "guerra santa". Os Estados Unidos ficaram chocados quando civis inocentes foram mortos nos atentados terroristas de 11 de setembro de 2001. Contudo, se somos leitores honestos do AT, devemos perguntar: "Será que isso foi tão diferente do massacre de homens, mulheres e crianças, prisioneiros de guerra cananeus, sobre o qual lemos no livro de Josué?".

A comparação suscita uma série de importantes questões que discutiremos neste ensaio. 1) Como o *ḥerem* funciona no contexto do AT? 2) De que maneira o Deus que ordenou o *ḥerem* se relaciona com o Deus do NT, que enviou seu Filho Jesus Cristo não para matar seres humanos, mas para morrer por eles? 3) Em face de nossas respostas às primeiras perguntas, qual seria a relação entre o que foi respondido e esta questão, que talvez seja a mais importante de todas para o cristão: como podemos ler o AT à luz do NT?

Essas perguntas não são meramente teóricas: são de extrema importância para a vida prática da Igreja em nossos dias. A Igreja muitas vezes se acha em conflito com a sociedade no que diz respeito a valores e procedimentos.[2] Essa tensão por vezes tem sido descrita como uma guerra cultural.[3] Na realidade, alguns ilustres cristãos evangélicos chegam a usar a terminologia marcial para descrever o modo pelo qual a Igreja deve se posicionar no mundo.[4] Alguns, posicionados no extremo radical do cristianismo, chegaram a dar um passo adiante e pegar em armas para defender a fé contra a intromissão.[5] Somente a título de exemplo, posso citar o assassinato, em 1993, de um médico que fazia abortos e de seu segurança por Paul Hill, pastor presbiteriano exonerado do ministério. Segundo seu

[2]Trato desse assunto mais detalhadamente em Daniel (NIVAC; Grand Rapids: Zondervan, 1999).

[3]J. D. Hunter, *Culture Wars:The Struggle to Define America* (New York: Basic Books, 1991).

[4]F. A. Schaeffer, *A Christian Manifesto* (Westchester: Crossway, 1981).

[5]J. Risen & J. L. Thomas, *Wrath of Angels: The American Abortion War* (New York: Basic Books, 1998).

depoimento, Hill acreditava estar cumprindo a vontade de Deus ao cometer aquele assassinato. Ele obteve o apoio de um grupo pequeno, porém barulhento, de cristãos.[6] É muito fácil considerar lunáticos esses cristãos extremistas. Contudo, seria um ato legítimo apelar para a guerra do *ḥerem* no AT, a fim de justificar tais convicções e atitudes?

No outro extremo, muitos cristãos têm renegado o AT, a fim de evitar o envolvimento com os atos sangrentos de Deus, encontrados naquelas páginas. Eles percebem uma imensa diferença entre o Deus de Josué e Jesus Cristo, que ensinou a amar os inimigos e a oferecer a outra face. Entretanto, desprezar o AT é mera conveniência, e os que fazem isso ignoram o fato de que o NT se alicerça na revelação do AT, confirmando sua mensagem, explícita e implicitamente. Além do mais, como constataremos a seguir, o NT, em última análise, é igualmente sangrento. Não é admissível que simplesmente separemos o AT do cânon das Escrituras e modelemos o Deus que adoramos de acordo com o que pensamos ser aceitável.

O QUE É A GUERRA DO *ḤEREM* NO ANTIGO TESTAMENTO?[7]

O termo *ḥerem* é sabidamente difícil de se traduzir.[8] Pode ser traduzido por "coisas proibidas" ou "coisas consagradas". Refere-se aos objetos e pessoas capturados que faziam parte do despojo no decurso da guerra santa. O *ḥerem* envolve consagração, a dedicação dos cativos de guerra a Deus.[9] A pala-

[6]O recente documentário da HBO, *Soldiers in the Army of God* (que estreou em 1.º de abril de 2001), entrevista vários partidários de Hill.

[7]Uma descrição mais ampla da prática de guerra do *ḥerem* pode ser encontrada na obra de C. Reid & Tremper Longman III, *God Is a Warrior* (Grand Rapids: Zondervan, 1995). Uma relevante bibliografia inclui: F. Schwally, *Der heilige Krieg im alten Israel* (Leipzig: Dietrich, 1901); H. Fredriksson, *Jahwe als Kreiger: Studien zum alttestamentlichen Gottesbild* (Lund: Gleerup, 1945); Gerhard von Rad, *Holy War in Ancient Israel*, ed. e trad. Marva J. Dawn (Grand Rapids: Eerdmans, 1991); Rudolph Smend, *Iahweh War and Tribal Confederation* (Nashville: Abingdon, 1970); P. D. Miller Jr., *The Divine Warrior in Early Israel* (HSM 5; Cambridge: Harvard Univ. Press, 1973). Três obras significativas escritas por eruditos menonitas também podem ser incluídas: John Howard Yoder, *The Original Revolution: Essays on Christian Pacifism* (Scottdale: Herald, 1977); Millard C. Lind, *Iahweh Is a Warrior* (Scottdale: Herald, 1980); Vernard Eller, *War and Peace from Genesis to Revelation* (Scottdale: Herald, 1981).

[8]V. Philip D. Stern, *The Biblical Herem: A Window on Israel's Religious Experience* (BJS 211; Atlanta: Scholars Press, 1991).

[9]V. a definição de J. A. Naude em חרם, *NIDOTTE*, v. 2, p. 275-6.

vra "consagração" implica adoração, e, uma vez que entendemos a guerra do *ḥerem* em todo o seu contexto, podemos perceber quanto esse conceito é adequado. Portanto, começaremos nossa exploração com uma descrição do *ḥerem* em três etapas: antes, durante e depois da guerra.

A síntese que faço a seguir é o resultado da análise de duas passagens de Deuteronômio (caps. 7 e 20), bem como de muitos registros de batalhas ao longo de todo o AT.

O princípio dominante: Deus está presente na batalha, com o exército

Como veremos, o cerne do *ḥerem* é a presença de Deus junto com o exército. É natural que Deus deva ser adorado onde quer que esteja. Portanto, não ficaremos surpresos ao notar que o *ḥerem* é principalmente moldado nesse fato. Na verdade, não é exagero dizer que a guerra do *ḥerem* é uma forma de adoração. O campo de batalha é território sagrado. Envolver-se na guerra é uma atividade santa, equivalente a ir ao templo.

Antes da batalha

A busca da vontade de Deus

Não foi dito a Israel que os inimigos deles eram inimigos de Deus. Era exatamente o oposto. Israel tinha de ser inimigo dos inimigos de Deus. Em termos práticos, isso quer dizer que Israel tinha de saber se era da vontade de Deus que eles guerreassem contra determinado povo. À medida que lemos o relato bíblico, observamos que Deus fazia sua vontade conhecida do povo por um destes dois meios:

1) O primeiro meio é exemplificado na batalha de Jericó. No momento em que Josué inspecionava o futuro campo de batalha, foi surpreendido por uma personagem misteriosa "empunhando uma espada" (Js 5.13). Essa figura, que se autodenomina "comandante do exército do SENHOR", obviamente é o próprio Javé. Afinal, diante de que outra pessoa Josué teria se prostrado, "rosto em terra, em sinal de respeito" (Js 5.14)? Foi nessa hora que Deus concedeu a estratégia de guerra a Josué.

2) O segundo meio de discernir a vontade de Deus era buscá-la ativamente diante de um momento de tensão. Em 1Samuel 23.1-

6, Davi soube que os filisteus ameaçaram a cidade judaica de Queila. Em vez de sair impulsivamente em defesa dessa cidade, ele "perguntou ao SENHOR" (v. 2) o que fazer. Embora essa história tenha ocorrido no período em que Davi ainda não era rei, ele tinha o auxílio de um sacerdote (v. 6), que podia utilizar os meios oraculares para descobrir o que Deus desejava.

A importância de descobrir a vontade de Deus diante de um provável inimigo é acentuada pela história registrada em Josué 9. Nesse contexto, um grupo de gibeonitas dissimuladamente levou Josué a se enganar, fazendo-o pensar que tinham vindo de um país distante, quando, na verdade, tinham saído de um local próximo dali. Como explicaremos mais adiante, o texto de Deuteronômio 20 faz uma distinção entre a maneira de tratar as nações que viviam na terra prometida e as que viviam fora dela. Josué tomou uma decisão precipitada, acarretando problemas para Israel, tudo porque "eles não consultaram o SENHOR" (Js 9.14).

A preparação espiritual

Quando os israelitas entravam no santuário, tinham de se preparar espiritualmente. Em outras palavras, precisavam cumprir as leis de purificação do Pentateuco. O mesmo deveria ocorrer no campo de batalha. Duas histórias exemplificam a necessidade de preparação espiritual antes do engajamento na guerra do *ḥerem*.

Após Israel terminar a peregrinação de 40 anos no deserto, a segunda geração, nascida durante aquela jornada, por algum motivo não declarado deixara de praticar a circuncisão. Assim, antes de se envolver na guerra do *ḥerem* em Canaã, os israelitas do sexo masculino tiveram de ser circuncidados e, em seguida, celebraram a Páscoa (Js 5.2-12). A cerimônia ocorreu no mesmo lado do Jordão em que ficava a cidade de Jericó, num raio de ação muito próximo dos inimigos. Nem é preciso dizer que, naquele momento, era perigoso realizar essa cirurgia nos soldados de Israel. Basta lembrar do que aconteceu na época em que Jacó viveu na cidade de Siquém (Gn 34). A pressuposição implícita na passagem de Josué era que, quaisquer que fossem os perigos por parte dos inimigos humanos nas proximidades, era muito mais terrível a idéia de ir para a batalha sem ter sido circuncidado.

A outra história que exemplifica nossa proposição situa-se na época de Davi (2Sm 11). A passagem inicia com uma crítica um tanto sutil à permanência de Davi na cidade de Jerusalém durante a primavera, "época em que os reis saíam para a guerra" (v. 1). Em pouco tempo, Davi teve problemas em virtude da evidente falta de atividade. Depois de uma soneca, ele caminhava despreocupadamente no terraço do palácio, quando olhou para baixo e viu Bate-Seba, nua, tomando banho. Embora tivesse plena consciência de que era a mulher de outro homem, levou-a para sua cama, e ela engravidou. No intuito de encobrir seu pecado, com uma desculpa Davi mandou chamar de volta o marido dela, Urias, o hitita, tirando-o da linha de frente da batalha, na esperança de que ele se deitasse com a mulher e acreditasse que a criança que iria nascer era dele. O esquema de Davi foi frustrado quando Urias se recusou a ir para casa, preferindo dormir aquela noite "na entrada do palácio, onde dormiam os guardas de seu senhor" (v. 9).

O que é de interesse para nós que buscamos uma compreensão do *ḥerem* como prática de guerra é a resposta desconcertante que ele deu a Davi no dia seguinte sobre sua atitude: "A arca e os homens de Israel e de Judá repousam em tendas; o meu senhor Joabe e os seus soldados estão acampados ao ar livre. Como poderia eu ir para casa para comer, beber e deitar-me com minha mulher? Juro por teu nome e por tua vida que não farei uma coisa dessas!" (v. 11). Apesar dos incansáveis esforços de Davi, Urias recusou-se terminantemente a dormir com sua mulher.

A causa dessa recusa é muito mais profunda que a típica bravata do guerreiro que diz: "Como posso aproveitar a vida, enquanto meus companheiros de luta se encontram no campo de batalha?". A razão fundamental que levou Urias a tomar essa atitude foi outra. A motivação de Urias pode estar em Levítico 15.11-18, que declara que a emissão de sêmen tornava um homem impuro. Se Urias tivesse mantido relações sexuais, teria ficado temporariamente impuro e, portanto, não estaria "preparado para a batalha". O contraste marcante em 2Samuel 11 lança Davi num poço de lama, pois ele, o rei segundo o coração de Deus, cometera adultério e conspirara para cometer assassinato, enquanto Urias, um estrangeiro (hitita) mercenário, mostrara-se obediente às prescrições do código de culto judaico.

O sacrifício

Os relatos das antigas guerras de Israel são seletivos. Nem todas as ações são registradas em cada batalha. Lemos acerca de sacrifícios antes da guerra em ocasiões que demonstraram ser objeto de controvérsia. A história que vem a seguir, portanto, exemplifica a prática de oferecer sacrifícios antes da guerra do *ḥerem*. Essa prática, porém, não é mencionada em outros lugares, porque em determinadas ocasiões ela não ocorria.

Saul era o comandante do exército na guerra, e a batalha era contra os persistentes inimigos da época, os filisteus (1Sm 13). Na avaliação de Saul, o tempo estava passando. Aquele momento, a seu ver, era oportuno para a batalha, e sempre havia o perigo de deserção nas tropas que aguardavam o início da batalha. Entretanto, Saul sabia muito bem que tinham de ser oferecidos sacrifícios antes que o confronto começasse, e a concepção na época, por motivos não declarados, era que só um sacerdote, como Samuel, podia oferecer legítimos sacrifícios. Mas onde estava Samuel? Supunha-se que já estivesse lá, mas não foi encontrado em lugar nenhum. Em conseqüência disso, Saul deixou de lado suas preocupações e ofereceu, por conta própria, os sacrifícios. Quando finalmente chegou, Samuel repreendeu Saul pelo atrevimento, que demonstrava sua falta de confiança no Deus guerreiro, e anunciou-lhe: "O seu reinado não permanecerá" (v. 14).

Esses sacrifícios antes da batalha eram motivados pelo fato de que o exército lutaria na presença de Deus. Nosso próximo tópico detalhará mais esse fato.

A presença da arca

A função da arca na batalha de Jericó (Js 6) é típica das narrativas de guerra mais antigas. Deus instruiu Josué quanto ao modo de conduzir a batalha (5.2-5). A marcha ao redor da cidade era fundamental para o plano. Durante seis dias, os israelitas tinham de marchar ao redor de Jericó e, no sétimo e culminante dia, deveriam marchar ao redor da cidade sete vezes. À frente do exército, ia a arca.

A arca era o símbolo móvel da presença espiritual de Deus. O tabernáculo evidentemente estava associado à presença de

Deus, e sua importância em grande parte se devia ao fato de que era o repositório da arca estacionária. O motivo mais comum para a saída da arca de dentro do santuário era o de acompanhar o exército na guerra e servir de sinal da presença de Deus no campo de batalha.

Conforme a descrição de Êxodo 25.10-22, o *design* da arca era muito simples. Era uma caixa relativamente pequena, com 1,10 metro de comprimento, 70 centímetros de largura e 70 centímetros de altura. Tinha também quatro argolas fixadas nas laterais, duas de cada lado, através das quais eram passadas duas varas de madeira, para o transporte. A importância da arca nas batalhas de Israel já pode ser vista na peregrinação pelo deserto, logo após sua construção. Essa peregrinação foi, na verdade, uma longa marcha para o combate. Reconhecemos isso quando nos lembramos da linguagem que Moisés usava no início de cada dia de marcha. Ele proclamava: "Levanta-te, ó Senhor! Sejam espalhados os teus inimigos e fujam de diante de ti os teus adversários" (Nm 10.35).

A presença da arca representava a participação de Deus na batalha. A única atitude adequada para alguém que está na presença de Deus é a de adoração. O soldado israelita tinha de estar espiritualmente preparado e oferecer sacrifícios a Deus antes do começo da batalha. "Altos louvores estejam em seus lábios e uma espada de dois gumes em suas mãos, para imporem vingança às nações e trazerem castigo aos povos" (Sl 149.6,7).

Durante a batalha

A marcha

Com a presença da arca, constatamos que a marcha para o combate é uma procissão religiosa. Na seção anterior, comentamos sobre o papel da arca na peregrinação dos israelitas pelo deserto e sobre a jornada diária, que começava com a invocação para que o Guerreiro divino se levantasse e dispersasse os inimigos. Uma leitura mais atenta de Números 2 revelará que, nas ocasiões em que Israel acampava, a disposição das tribos lembrava um acampamento de guerra do Oriente Médio antigo. Deus, o Rei guerreiro, tinha sua tenda no meio do acampamento, cercada pelos seus guerreiros mais devotos, os levitas.[10] O restante das tribos (o exército) organizava-se de todos os lados da tenda do Senhor, porém a uma distância maior que a dos levitas.

> Josafá prostrou-se, rosto em terra, e todo o povo de Judá e de Jerusalém prostrou-se em adoração perante o Senhor. Então os levitas descendentes dos coatitas e dos coreítas levantaram-se e louvaram o Senhor, o Deus de Israel, em alta voz.
>
> De madrugada partiram para o deserto de Tecoa. Quando estavam saindo, Josafá lhe disse: "Escutem-me, Judá e povo de Jerusalém! Tenham fé no Senhor, o seu Deus, e vocês serão sustentados; tenham fé nos profetas do Senhor, e terão a vitória". Depois de consultar o povo, Josafá nomeou alguns homens para cantarem ao Senhor e o louvarem pelo esplendor de sua santidade, indo à frente do exército, cantando: "Dêem graças ao Senhor, pois o seu amor dura para sempre".
>
> Quando começaram a cantar e a entoar louvores, o Senhor preparou emboscadas contra os homens de Amom... (2Cr 20.18-22).

Oração, cânticos religiosos e celebração, tudo isso fazia parte da estratégia de guerra do antigo Israel. Por quê? Porque a guerra do *ḥerem* era uma adoração.

A estratégia de guerra

Talvez a parte mais interessante da guerra do *ḥerem* seja a estratégia. Não há uma formulação simples para descrever a guerra, e cada batalha registrada no AT apresenta características exclusivas. Todavia, um denominador comum pode ser obtido de cada batalha bem-sucedida. A vitória era conseqüência do envolvimento de Deus na batalha. A participação humana era importante, mas nunca determinava o resultado. O povo de Deus tinha de lutar, porém havia sempre o cuidado para que não entrasse na batalha com um poderio superior nem com armamentos sofisticados. Alguns exemplos ajudarão a esclarecer a questão.

Durante o período dos juízes, Deus comissionou Gideão para libertar a terra das mãos dos midianitas, que haviam

[10]Com respeito aos sacerdotes na qualidade de guarda-costas de Deus, v. Tremper Longman, *Immanuel in Our Place: Seeing Christ in Israel's Worship* (Phillipsburg: Presbyterian & Reformed, 2001), p. 139-50.

chegado para dominar pelo menos uma parte da terra de Israel (Jz 6—8). Enquanto Gideão se preparava em seu acampamento, nas proximidades da fonte de Harode, para enfrentar os midianitas, o Senhor se apresentou a ele com um problema. Ele tinha soldados demais em seu exército! Então Gideão deu ordem para que fossem liberados da luta todos os que estivessem com medo. Vinte e dois mil homens voltaram para casa, mas ainda restavam 10 mil. Em seguida, Deus instruiu Gideão a levar os restantes para beber água nas proximidades. Aos que sorveram a água levando a mão à boca, sem se ajoelhar — e foram 300 homens —, foi dito que permanecessem e lutassem contra os midianitas. Assim, o exército passou de 32 mil para 300 soldados. Por que todo esse esforço para não entrar em combate com tantos soldados? O próprio Deus explicou o motivo: "A fim de que Israel não se orgulhe contra mim, dizendo que a sua própria força o libertou" (7.2).

O mesmo pode ser observado naquela que pode ser chamada de batalha individual do *ḥerem* entre Davi e Golias (1Sm 17). O contexto da batalha é o conflito entre Israel e os filisteus durante o reinado do rei Saul. Nessa época, Davi era muito jovem: nem fazia parte do exército. Estava no campo de batalha com a única finalidade de levar provisões aos irmãos mais velhos. O foco da narrativa concentra-se na juventude e na inexperiência de Davi. Enquanto ele visitava o campo, os filisteus desafiaram Israel. Eles tinham em Golias um campeão com habilidades e dimensões incomuns, bem como grande experiência em combates. Golias insistia, desafiando Israel a escolher um guerreiro que o enfrentasse, mas ninguém tinha coragem de se apresentar como voluntário.

Por fim, Davi impetuosamente se apresentou para enfrentar o infiel arrogante que desafiara "os exércitos do Deus vivo" (v. 26). Ele entrou em combate sem armadura, tendo apenas uma simples atiradeira. O contraste não poderia ser mais gritante. Um jovem inexperiente e vulnerável contra um mercenário armado e experiente. Contudo, Davi triunfou com facilidade nesse famoso confronto e, no seu desafio a Golias, expressou o cerne da guerra do *ḥerem*:

> Davi, porém, disse ao filisteu: "Você vem contra mim com espada, com lança e com dardos, mas eu vou contra você em nome do Senhor dos Exércitos, o Deus dos exércitos de Israel, a quem você

desafiou. Hoje mesmo o Senhor o entregará nas minhas mãos, eu o matarei e cortarei a sua cabeça. Hoje mesmo darei os cadáveres do exército filisteu às aves do céu e aos animais selvagens, e toda a terra saberá que há Deus em Israel. Todos os que estão aqui saberão que não é por espada ou por lança que o Senhor concede vitória; pois a batalha é do Senhor, e ele entregará todos vocês em nossas mãos" (1Sm 17.45-47).

Davi entendia plenamente que sua vitória era, na realidade, a vitória de Deus. No entanto, devemos atentar para o fato de que Davi teve de agir. Ele teve de ficar cara a cara com Golias e atirar a pedra que o abateu. Em seguida, teve de pegar a espada e degolar o gigante. Certamente, Deus não precisava dele para fazer isso, por ser perfeitamente capaz de destruir Golias sem nenhum envolvimento de Davi.

Depois da batalha

A marcha de volta

Naturalmente, depois que a batalha se encerrava, o exército e a arca faziam o trajeto de volta ao santuário. Essa é provavelmente a situação que está por trás da liturgia no salmo 24. Depois de uma declaração da soberania de Deus sobre sua criação (v. 1,2), os versículos de 3 a 6 descrevem o tipo de pessoa que podia entrar nos recintos sagrados. Pode ser que isso implique que alguém ou determinado grupo procurasse ter acesso ao santuário, e, pelos versículos de 7 a 10, acreditamos que a idéia se refira ao exército, no momento em que retorna a Jerusalém para colocar a arca de volta no Lugar Santíssimo.

Portanto, nossa interpretação do diálogo que acontece nos versículos de 7 a 10 é de que se trata de uma conversa entre um porteiro levita e os sacerdotes que carregam a arca à frente do exército. Os primeiros a falar são os sacerdotes, que pedem acesso pelos portões da cidade: "Abram-se, ó portais; abram-se, ó portas antigas, para que o Rei da glória entre" (v. 7).

O único modo de se entender como Deus pode ser visualizado em sua entrada pelo portão da cidade seria representado pela arca. De qualquer forma, esse pedido é seguido por uma resposta indagadora do porteiro: "Quem é o Rei da glória?" (v. 8a).

É óbvio que os sacerdotes sabem muito bem quem é o Rei da glória. Todavia, a pergunta admite uma resposta de louvor descritivo a Deus, o Guerreiro. De novo, os sacerdotes na liderança do exército respondem: "O Senhor forte e valente, o Senhor valente nas guerras. Abram-se, ó portais; abram-se, ó portas antigas, para que o Rei da glória entre" (v. 8b,9).

Isso fornece a oportunidade para uma enfática reafirmação da pergunta e da resposta: "Quem é esse Rei da glória? O Senhor dos Exércitos, ele é o Rei da glória!" (v. 10).

A celebração

A música desempenhava uma função-chave em relação à guerra do *ḥerem*. Vimos como o exército de Josafá marchou para a batalha entoando hinos e como o salmo 24 foi cantado por ocasião do retorno aos recintos sagrados. Na verdade, mostro em outra obra de minha autoria a quantidade de salmos cujo contexto original se dá antes (Sl 7), durante (Sl 91) e depois (Sl 24; 98) da implementação da guerra do *ḥerem*.[11]

No que se refere a essa última categoria, havia sem dúvida uma norma para que hinos fossem cantados na celebração da vitória. Afinal, Deus vencera a batalha e, portanto, merecia o louvor. Muitos dos grandes e mais antigos poemas de Israel eram hinos de vitória, cantados em batalhas específicas. Talvez o mais notável seja o cântico de Moisés, entoado por ocasião da derrota do Egito no mar Vermelho. Esta talvez seja a menção mais antiga e explícita do Deus guerreiro:

> Cantarei ao Senhor,
> pois triunfou gloriosamente.
> Lançou ao mar o cavalo
> e o seu cavaleiro!
> O Senhor é a minha força
> e a minha canção;
> ele é a minha salvação!
> Ele é o meu Deus, e eu o louvarei,
> é o Deus de meu pai, e eu o exaltarei!
> O Senhor é guerreiro,

[11]Tremper Longman III, Psalm 98: A Divine Warrior Victory Song, *JETS* 27 (1984): 125-31.

o seu nome é SENHOR.
Ele lançou ao mar
os carros de guerra
e o exército do faraó.
Os seus melhores oficiais
afogaram-se no mar Vermelho (Êx 15.1-4b).

Outra memorável ocasião em que a música irrompeu como uma conseqüência da guerra santa vitoriosa foi após a vitória de Jefté contra os amonitas. Nesse caso, porém, a história chega a um triste fim. A primeira pessoa que saiu da casa "dançando ao som de tamborins" foi a filha de Jefté (Jz 11.34). Em cumprimento de um voto, seu pai relutantemente teve de dedicá-la ao Senhor, como "holocausto" (heb. *'olah*), ou animal a ser queimado.

O ḥerem

Usamos o termo *ḥerem* para descrever a implementação da guerra em Israel, basicamente um sinônimo de "guerra santa" ou "guerra de Javé". Na realidade, esse termo se refere ao aspecto culminante da guerra divina: a oferta do povo conquistado e de seus bens em sacrifício ao Senhor.

1) É preciso salientar, uma vez mais, que o *ḥerem* é uma indicação de que a guerra é uma forma de adoração no AT. Deus conquistava a vitória, logo ele merecia os despojos. O registro bíblico não é rigorosamente uniforme acerca dessa relação,[12] mas o significado típico disso no caso dos despojos é que eram devolvidos às autoridades sacerdotais para uso destas ou para a distribuição. Para os prisioneiros de guerra e os cidadãos de uma cidade inimiga capturada, significava apenas uma coisa: morte. O princípio subjacente a essa última prática parece basear-se no fato de que, por serem impuras, essas pessoas, que eram trazidas à presença de Deus, tinham de ser destruídas.

2) Deuteronômio 20.10-18 faz nítida distinção entre batalhas travadas fora da terra prometida e as que se travaram "nas cidades das nações que o SENHOR, o seu Deus, lhes dá por

[12]O texto de 1Samuel 30.16-26 parece ser uma exceção à regra que vem a seguir.

herança". O texto que descreve em minúcias esse último caso é instrutivo. Após dizer que as cidades situadas fora da terra prometida teriam a oportunidade de se render e, assim, ficar sujeitas à servidão, Deus ordenou a Israel:

> Não deixem vivo nenhum ser que respira. Conforme a ordem do Senhor, o seu Deus, destruam totalmente os hititas, os amorreus, os cananeus, os ferezeus, os heveus e os jebuseus. Se não, eles os ensinarão a praticar todas as coisas repugnantes que fazem quando adoram os seus deuses, e vocês pecarão contra o Senhor, o seu Deus (Dt 20.16-18).

Os dois relatos da parte inicial da conquista da terra exemplificam o valor da observância do *ḥerem*. Depois da batalha de Jericó e da separação de Raabe do grupo-alvo, eles "consagraram a cidade ao Senhor, destruindo ao fio da espada homens, mulheres, jovens, velhos, bois, ovelhas e jumentos; todos os seres vivos que nela havia" (Js 6.21). Esse foi o fim da cidade mais poderosa da Palestina naquela época.

A batalha seguinte foi contra a insignificante Ai, cujo nome já significa "ruína". Apesar disso, o destacamento israelita que marchou contra ela foi repelido. Josué ficou abalado com aquela reviravolta. Em consulta ao Senhor, ele descobriu que alguém não havia cumprido o *ḥerem* após a batalha de Jericó. Por orientação divina, descobriram que Acã roubara alguns objetos do despojo e não os devolvera ao Senhor. Depois que cuidaram desse pecado, os israelitas voltaram a atacar Ai e dessa vez foram bem-sucedidos.

Portanto, Jericó e Ai servem de testemunho didático e de advertência sobre a importância do cumprimento do *ḥerem*. A obediência traz vitória contra os mais duros adversários, ao passo que a desobediência significa derrota até mesmo diante do mais fraco.

Concluindo, devemos dar destaque ao fato de que a Bíblia não entende a destruição dos homens, mulheres e crianças dessas cidades como uma matança de inocentes. Nem mesmo as crianças são consideradas inocentes. Eles todos faziam parte de uma cultura má em sua essência, que, se tivesse permissão de viver, contaminaria o povo de Israel moral e teologicamente. A passagem de Josué 6, anteriormente citada, tinha o objetivo de evitar a destruição dos próprios israelitas.

Na verdade, do ponto de vista bíblico, Deus demonstrou grande paciência para com o povo que viveu na Palestina. A razão pela qual os descendentes de Abraão tiveram de esperar tanto tempo para entrar na terra prometida foi "porque a maldade dos amorreus ainda não atingiu a medida completa" (Gn 15.16).

COMO O DEUS QUE ORDENOU O *ḤEREM* SE RELACIONA COM O DEUS DO NOVO TESTAMENTO

Muitos se colocariam contra a imagem, descrita na seção anterior, de um Deus violento que destrói seus inimigos em contraste com a concepção neotestamentária de um Deus de amor que envia seu Filho para ser crucificado e morrer a favor dos maus. Para ser exato, Jesus chega a ponto de ordenar a seus discípulos (e por meio deles à Igreja): "Guarde a espada!" (Mt 26.52). Todavia, a citação extraída de Apocalipse desmente imediatamente uma visão tão simplista da Bíblia. Não há imagem mais aterradora que a de um Deus vingativo e violento, como esta:

> Depois vi um grande trono branco e aquele que nele estava assentado. A terra e o céu fugiram da sua presença, e não se encontrou lugar para eles. Vi também os mortos, grandes e pequenos, em pé diante do trono, e livros foram abertos. Outro livro foi aberto, o livro da vida. Os mortos foram julgados de acordo com o que tinham feito, segundo o que estava registrado nos livros. O mar entregou os mortos que nele havia, e a morte e o Hades entregaram os mortos que neles havia; e cada um foi julgado de acordo com o que tinha feito. Então a morte e o Hades foram lançados no lago de fogo. O lago de fogo é a segunda morte. Aqueles cujos nomes não foram encontrados no livro da vida foram lançados no lago de fogo (Ap 20.11-15).

De que maneira o AT se liga ao NT? Acreditamos que seja útil responder a essa pergunta por meio da descrição daquilo que pode ser chamado de os cinco estágios da guerra santa na Bíblia.

Estágio 1: Deus luta contra os inimigos de carne e osso de Israel

Não nos precisamos ater muito a este estágio, visto se tratar do tipo de guerra do *ḥerem* que descrevemos até aqui. A lista de batalhas é longa, e já citamos parcialmente muitas delas, mas neste ponto incluiríamos Jericó, as guerras contra a coligação dos reis cananeus do Sul e as guerras contra a coligação do Norte. Deus lutou a favor de muitos dos juízes e também de reis fiéis, como Davi e Josafá. Na realidade, houve ocasiões em que Deus chegou a usar nações estrangeiras para guerrear contra os inimigos de Israel. Quanto ao último exemplo, lembramos do profeta Naum, que anunciou a aparição do Guerreiro divino que lutaria (nesse caso, por meio dos babilônios) contra o inimigo que havia muito oprimia Israel, a Assíria.[13]

Estágio 2: Deus luta contra Israel

Seria um erro dizer que Deus estava cegamente a favor de Israel. A eleição de Israel não era uma carta branca para guerrear contra quem eles quisessem e quando bem entendessem. A essa altura, deveria estar muito claro que Deus usou Israel como um instrumento de seu juízo sobre nações perversas e opressoras. Isso era uma amostra do que aconteceria se a própria nação de Israel se voltasse contra Deus e cometesse atos maus.[14]

A resposta a essa questão talvez se ache na forma da própria aliança, e aqui percebemos a ligação entre a teologia aliancista e a guerra do *ḥerem*. Como já tem sido bem fundamentado, a aliança é uma metáfora político-legal do relacionamento entre Deus e seu povo.[15] O grande Rei Javé faz um tratado de vassalagem com seu povo, Israel. Nesse acordo, Javé promete ser o Deus deles e protegê-los. De sua parte, Israel promete ser o povo de Javé e obedecer à Lei, por ele instituída. No tratado da aliança, a Lei é sustentada por sanções: bênçãos fluem da obediência, e maldições, da desobediência. O livro de Deuteronômio, uma renovação da aliança acerca do relacionamento estabelecido no Sinai, é particularmente abrangente com suas bênçãos e maldições, muitas delas relacionadas com o sucesso

[13]V. Tremper Longman III, Nahum, in: *The Minor Prophets*, ed. T. E. McComiskey (Grand Rapids: Eerdmans, 1993), v. 2, p. 765-829.

[14]W. L. Moran, The End of Unholy War and the Anti-Exodus, *Bib* 44 (1963): 333-42.

[15]Meredith G. Kline, *Treaty of the Great King* (Grand Rapids: Eerdmans, 1963); D. J. McCarthy, *Old Testament Covenant: A Survey of Recent Opinions*, 2. ed. (Rome: Pontifical Biblical Institute, 1978).

ou fracasso militar. O texto a seguir exemplifica isso. A primeira parte está condicionada à obediência, e a segunda descreve o resultado da desobediência.

> O Senhor concederá que sejam derrotados diante de vocês os inimigos que os atacarem. Virão a vocês por um caminho, e por sete fugirão [...].
>
> O Senhor fará que vocês sejam derrotados pelos inimigos. Vocês irão a eles por um caminho, e por sete fugirão (Dt 28.7,25).

Na história de Israel, há muitos exemplos da aplicação dessas maldições da aliança. Já observamos um deles na discussão do *ḥerem* depois da batalha, a saber, o exemplo de Ai. O segundo exemplo gira em torno da derrota dos israelitas pelas mãos dos filisteus no final da vida e do sacerdócio de Eli (1Sm 4—6). O texto descreve Eli como um homem de bom coração, porém incompetente. Ele foi, em especial, incompetente como pai, pois seus dois filhos, Hofni e Finéias, que também tinham o encargo de liderar o exército de Israel, eram homens maus.

Num primeiro confronto com os filisteus, os israelitas foram fragorosamente derrotados, sofrendo uma baixa de cerca de 4 mil homens. Então Hofni e Finéias imaginaram que o erro de Israel fora não ter levado a arca para o campo de batalha. Pelas suas atitudes e as conseqüências delas, parece que essa idéia veio à mente não em virtude de uma fé dependente de Deus, e sim da suposição enganosa de que a arca era como uma caixa mágica por meio da qual a presença e o poder de Deus podiam ser manipulados.

Em seguida, os dois irmãos enviaram a arca, que chegou ao campo de batalha antes do segundo confronto com os filisteus. Ao que parece, a reputação de Deus como Guerreiro já era conhecida antes disso, pois os filisteus ficaram visivelmente abalados com a notícia de que a arca estava em poder do exército israelita. Apesar disso, eles reuniram forças e ganharam coragem para enfrentar os israelitas. O exército de Israel foi derrotado, Hofni e Finéias foram mortos e — talvez o mais terrível — a arca foi capturada e levada pelos filisteus.

Pelo resultado da batalha, fica evidente que Deus era capaz de salvar os israelitas naquele dia, mas não quis. Os filisteus seguiram o protocolo típico do Oriente Médio antigo e introduziram a arca no templo de seu deus principal, Dagom. Esse ato era uma maneira de dizer que Javé era inferior ao seu deus. No dia seguinte, porém, os acontecimentos desmentiram essa crença, pois eles encontraram a imagem de Dagom caída, rosto em terra, diante da arca, como se estivesse em atitude de adoração. Os filisteus colocaram a estátua de pé outra vez, porém o mesmo aconteceu no dia seguinte. Finalmente, eles entenderam a mensagem. Os israelitas foram derrotados não pela incapacidade de Deus, mas porque este determinara derrotar os israelitas em sinal de juízo, por causa de seus pecados.

Nosso próximo exemplo diz respeito a um momento dramático da história de Israel: a derrota de Jerusalém diante dos babilônios seguida pelo Exílio. Embora apenas uma parcela do AT de fato narre a destruição de Jerusalém e o Exílio, uma análise mais detalhada revela que diversos livros apresentam uma validação teológica para esses acontecimentos. Muitos eruditos, por exemplo, estão convencidos de que a redação final dos livros de Samuel—Reis — se também não for o caso de Josué e Juízes — ocorre durante o Exílio e proporciona uma validação desses terríveis acontecimentos. Esses livros ajudaram a descobrir o motivo pelo qual o povo de Deus foi derrotado e enviado para o Exílio. Não foi pelo fato de que Babilônia era uma nação mais forte, e sim porque Deus usou essa nação pagã, que ignorava a situação, como instrumento de seu juízo.

Os primeiros versículos de Daniel são um exemplo (Dn 1.1-3). Os acontecimentos neles descritos parecem ter ocorrido em 605 a.C. e, dessa forma, se referem à primeira investida de Nabucodonosor com o objetivo de exercer pressão contra Judá. Ele obteve sucesso em reduzi-los a vassalos, sugerido pelo ato de levar cativos os utensílios sagrados do templo e uma representação de jovens da classe nobre. Contudo, esses versículos apresentam uma explicação mais profunda dos acontecimentos. Nabucodonosor não foi vitorioso pelo fato de ser poderosíssimo, e sim porque Deus entregou Jeoaquim em suas mãos.

Um livro que apresenta uma reflexão sobre a destruição de Jerusalém de uma perspectiva teológica e emocional é Lamentações. Ele está repleto de pronunciamentos do Guerreiro divino; porém, nesse caso, ele não está protegendo seu povo — apresenta-se como seu inimigo: "O Senhor é como um inimigo; ele tem devorado Israel. Tem devorado todos os seus palácios e destruído as suas fortalezas. Tem feito multiplicar os prantos e as lamentações da filha de Judá" (Lm 2.5).

Portanto, com base nesses registros, fica claro que Deus não estava incondicionalmente a favor de Israel, mas guerreava contra seu povo quando eles lhe desobedeciam. O Exílio foi uma dramática expressão desse segundo estágio. Contudo, não foi definitivo. Na realidade, nem mesmo foi a última menção à guerra do *ḥerem* no AT.

Estágio 3: Deus voltará como Guerreiro no futuro

Deus não permitiu que seu povo se extinguisse no Exílio. O oráculo de Oséias, ainda que esteja provavelmente relacionado com o exílio do Reino do Norte em 722 a.C., expressa a relutância de Deus quanto a abandonar seu povo por completo:

> Como posso desistir de você, Efraim?
> Como posso entregá-lo
> nas mãos de outros, Israel?
> Como posso tratá-lo como tratei Admá?
> Como posso fazer com você
> o que fiz com Zeboim?
> O meu coração está enternecido,
> despertou-se toda a minha compaixão.
> Não executarei a minha ira impetuosa,
> não tornarei a destruir Efraim.
> Pois sou Deus, e não homem,
> o Santo no meio de vocês.
> Não virei com ira (Os 11.8,9).

À luz dessas declarações, não nos podemos surpreender ao descobrir que um dos temas dominantes dos profetas pós-exílicos era a futura aparição do Guerreiro divino, que voltaria para libertar seu povo dos opressores.

O texto de Daniel 7 é um bom exemplo. Esse capítulo pode ser dividido em duas partes: a visão de Daniel (v. 1-14) e a interpretação angelical dessa visão (v. 15-28). Nessa repetida narrativa da visão, reuniremos as duas interpretações. A visão em si pode ser dividida em duas partes em virtude do contexto. A primeira parte se passa na terra, especificamente na costa de um mar revolto. No tempo de Daniel, o mar já era um símbolo bem estabelecido dos poderes que se alinham contra Deus e sua ordem criada. Esse valor simbólico do mar remonta aos mitos do Oriente Médio antigo, tais como o mito babilônico de *Enuma Elish* e o mito ugarítico de Baal.[16]

Desse mar caótico, surgem quatro grandes animais. O primeiro é um animal híbrido: uma parte águia, outra parte leão e a última parte humana. O simples fato dessa natureza mista já deixaria o leitor israelita perturbado. É uma ofensa à ordem da Criação. Os animais seguintes têm igualmente uma aparência assustadora. O quarto animal é indescritível, de modo que só os dentes metálicos e as presas dilaceradoras são descritos. Desse quarto animal, surgem dez chifres, e a descrição de Daniel, por fim, concentra-se no chifre arrogante. Essa parte da visão descreve os reinos humanos malignos que oprimem o povo de Deus.

Nos versículos de 9 a 14, o cenário muda. Agora estamos na sala do trono de Deus, e o "Ancião de Dias" (ARA) se assenta para executar juízo contra os animais. Diante dele, apresenta-se uma figura de aparência humana que vem com as nuvens. Como no caso do mar, a chegada nas nuvens também é um símbolo bem estabelecido, e, nesse caso, refere-se ao Deus guerreiro. Podemos apenas especular quanto ao modo pelo qual os primeiros ouvintes de Daniel entenderam o fato de Deus ter aparecido perante Deus (v., no estágio seguinte, a conexão dessa passagem com o NT). Seja como for, essa figura, na companhia dos santos do Altíssimo, livra o povo de Deus das garras dos animais.

Esse é o tom de encerramento do AT. Trata-se de uma mensagem de esperança. Um dia, Deus voltará e os libertará das garras opressoras.

Estágio 4: Jesus Cristo luta contra os poderes e autoridades espirituais

A primeira voz que ouvimos no NT é a de João Batista, que, à semelhança dos profetas do estágio 3, ressoa extraordinariamente:

[16]M. K. Wakeman, *God's Battle with the Monster: A Study in Biblical Imagery* (Leiden: Brill, 1973); J. Day, *God's Conflict with the Dragon and the Sea* (Cambridge: Cambridge Univ. Press, 1975); C. Kloos, *Yhwh's Combat with the Sea: A Canaanite Tradition in the Religion of Ancient Israel* (Leiden: Brill, 1986).

> Raça de víboras! Quem lhes deu a idéia de fugir da ira que se aproxima? Dêem fruto que mostre o arrependimento! Não pensem que vocês podem dizer a si mesmos: "Abraão é nosso pai". Pois eu lhes digo que destas pedras Deus pode fazer surgir filhos a Abraão. O machado já está posto à raiz das árvores, e toda árvore que não der bom fruto será cortada e lançada ao fogo (Mt 3.7-10; cf. v. 11,12).

João tinha a esperança de que aquele que viria depois dele cumprisse a tarefa do poderoso Guerreiro de banir da terra os opressores. Imagine sua surpresa, mais tarde, quando aquele que ele reconhecera pelo batismo passou a pregar as boas-novas, curar os doentes e expulsar demônios. Para falar a verdade, há um registro dessa reação em Mateus 11.1-19. Naquele momento, João estava preso e ouviu os relatos acerca do ministério de Jesus. Suas dúvidas o levaram a enviar dois de seus discípulos a Jesus a fim de transmitir a cética pergunta: "És tu aquele que haveria de vir ou devemos esperar algum outro?" (v. 3).

> Jesus respondeu: "Voltem e anunciem a João o que vocês estão ouvindo e vendo: os cegos vêem, os mancos andam, os leprosos são purificados, os surdos ouvem, os mortos são ressuscitados, e as boas novas são pregadas aos pobres; e feliz é aquele que não se escandaliza por minha causa" (Mt 11.4-6).

Pelas suas obras, Jesus informou a João que ele, de fato, havia escolhido a pessoa certa. Entretanto, Jesus sutilmente também mudou — na realidade, enriqueceu — a concepção de João sobre seu ministério. Numa realidade lacônica, Jesus era o Guerreiro divino, mas ele intensificou e elevou o nível da batalha. Não era mais uma batalha física contra inimigos de carne e sangue, e sim uma luta travada contra poderes e autoridades espirituais. Além do mais, era uma batalha empreendida sem armamentos físicos.

Os exorcismos do NT são um caso à parte. Aqui percebemos a natureza violenta do conflito. Mateus 8.28-34 (v. Mc 5.1-20; Lc 8.26-39) narra a história da permissão que Jesus deu aos demônios que habitavam dois homens para entrar em porcos, os quais se atiraram dentro de um lago e morreram.

O clímax do estágio 4 é um método violento, mas irônico. Paulo volta seus olhos para a crucificação, retratando-a como uma vitória militar sobre o domínio demoníaco:

> Quando vocês estavam mortos em pecados e na incircuncisão da sua carne, Deus os vivificou com Cristo. Ele nos perdoou todas as transgressões, e cancelou a escrita de dívida, que consistia em ordenanças, e que nos era contrária. Ele a removeu, pregando-a na cruz, e, tendo despojado os poderes e as autoridades, fez deles um espetáculo público, triunfando sobre eles na cruz (Cl 2.13-15).

A ascensão de Jesus aos céus também é descrita em linguagem militar, caracterizada pela citação de um hino de guerra santa do AT, o salmo 68:

> E a cada um de nós foi concedida a graça, conforme a medida repartida por Cristo. Por isso é que foi dito: "Quando ele subiu em triunfo às alturas, levou cativos muitos prisioneiros, e deu dons aos homens" (Ef 4.8).

Jesus derrotou os poderes e autoridades, não pelo ato de matar, mas pelo ato de morrer!

Na verdade, a transição da antiga prática da guerra física para a nova era da guerra espiritual é dramaticamente ilustrada pela cena que se passa no jardim do Getsêmani. No momento em que Jesus era preso, Pedro, sempre impetuoso, sacou uma espada e decepou a orelha do servo do sumo sacerdote (Mt 26.47-56; Mc 14.43-52; Lc 22.47-53; Jo 18.1-11). Jesus, na mesma hora, declarou:

> Guarde a espada! Pois todos os que empunham a espada, pela espada morrerão. Você acha que eu não posso pedir a meu Pai, e ele não colocaria imediatamente à minha disposição mais de doze legiões de anjos? Como então se cumpririam as Escrituras que dizem que as coisas deveriam acontecer desta forma? (Mt 26.52-54).

Quando Jesus ordenou a Pedro que guardasse a espada, era o mesmo que dizer à Igreja que esse exemplo de violência não poderia ser seguido para difundir sua causa.[17] O alvo da guerra de Cristo não é físico, mas espiritual, e as armas utilizadas são espirituais, e não físicas (v. os comentários após a citação de Ef 6).

[17]Em minha opinião, isso não põe fim ao debate entre os defensores da guerra justa e os pacifistas. Trata-se de uma simples declaração de que guerras em nome do cristianismo não são legítimas.

Estágio 5: a batalha final

Será que isso significa que João Batista estava errado? Como se verificou, ele não estava enganado. Como típico profeta, porém, ele não tinha uma noção clara de como sua profecia seria concretizada (1Pe 1.10-12).[18] Conforme a revelação mais completa do NT, a primeira vinda de Cristo não foi o fim da História. Ele voltará como Guerreiro. O próprio Jesus cita Daniel 7.13 (Mc 13.26; Ap 1.7) e descreve seu retorno sobre as nuvens. Em nossa análise anterior de Daniel 7, fizemos alusão ao fato de que a nuvem simboliza a carruagem divina. Quando Jesus voltar, completará sua vitória, que já foi assegurada por sua morte na cruz. Dentre as muitas passagens nas seções apocalípticas do NT que poderiam ser escolhidas como exemplo, Apocalipse 19.11-21 é a mais descritiva:

> Vi os céus abertos e diante de mim um cavalo branco, cujo cavaleiro se chama Fiel e Verdadeiro. Ele julga e guerreia com justiça. Seus olhos são como chamas de fogo, e em sua cabeça há muitas coroas e um nome que só ele conhece, e ninguém mais. Está vestido com um manto tingido de sangue, e o seu nome é Palavra de Deus. Os exércitos dos céus o seguiam, vestidos de linho fino, branco e puro, e montados em cavalos brancos. De sua boca sai uma espada afiada, com a qual ferirá as nações. "Ele as governará com cetro de ferro." Ele pisa o lagar do vinho do furor da ira do Deus todo-poderoso. Em seu manto e em sua coxa está escrito este nome:
>
> REI DOS REIS
> E SENHOR DOS SENHORES.
>
> Vi um anjo que estava em pé no sol e que clamava em alta voz a todas as aves que voavam pelo meio do céu: "Venham, reúnam-se para o grande banquete de Deus, para comerem carne de reis, generais e poderosos, carne de cavalos e seus cavaleiros, carne de todos — livres e escravos, pequenos e grandes".
>
> Então vi a besta, os reis da terra e os seus exércitos reunidos para guerrearem contra aquele que está montado no cavalo e contra o seu exército. Mas a besta foi presa, e com ela o falso profeta que havia realizado os sinais miraculosos em nome dela, com os

[18]Quanto à minha concepção sobre os modos de operação da profecia, v. o meu livro *Reading the Bible with Heart and Mind* (Colorado Springs: NavPress, 1997), p. 163-79.

> quais ele havia enganado os que receberam a marca da besta e adoraram a imagem dela. Os dois foram lançados vivos no lago de fogo que arde com enxofre. Os demais foram mortos com a espada que saía da boca daquele que está montado no cavalo. E todas as aves se fartaram com a carne deles.

Citamos essa passagem na íntegra para mostrar a violência associada à segunda vinda. Em suma, estamos lendo uma descrição extremamente simbólica do juízo final. Esse encerramento aterrador da História significa, na realidade, boas-novas para o povo oprimido de Deus, a quem o livro de Apocalipse se dirige.

A passagem mostra com clareza a natureza violenta da volta de Jesus, o Guerreiro. Contudo, gostaríamos de fazer outras duas colocações. 1) Essa descrição de Jesus está construída, em grande parte, sobre o alicerce de passagens que descrevem Javé como o Guerreiro divino em Deuteronômio, Salmos e Isaías. 2) A descrição de Jesus nesse texto serve de contraste à descrição do inimigo, o guerreiro iníquo identificado com a besta em Apocalipse 13.1-10.

DOS CANANEUS AO PRÓPRIO SATANÁS: CONTINUIDADE E DESCONTINUIDADE NA GUERRA DO *ḤEREM*

Amparados nas condições e circunstâncias da guerra do *ḥerem* no AT e na pesquisa de sua prática do AT ao NT, estamos prontos para explorar a relação entre os Testamentos. Primeiro, porém, temos de fazer algumas observações gerais sobre esse assunto.

Parece óbvio que há continuidade entre o AT e o NT. Jesus por duas vezes apresenta o que podemos considerar uma aula de hermenêutica, quando, após a ressurreição, aparece a dois grupos diferentes de discípulos. 1) Ele fala a dois discípulos que ainda não haviam percebido que ele era o Senhor ressuscitado:

> "Como vocês custam a entender e como demoram a crer em tudo o que os profetas falaram! Não devia o Cristo sofrer estas coisas, para entrar na sua glória?" E começando por Moisés e todos os profetas, explicou-lhes o que constava a respeito dele em todas as Escrituras (Lc 24.25-27).

"Todas as Escrituras" ou "Moisés e todos os profetas" — isto é, todo o AT — previam o futuro sofrimento e glorificação de Cristo.

2) Esse mesmo tema é enfatizado quando Jesus logo depois se dirige a um grupo maior de discípulos e declara:

> Foi isso que eu lhes falei enquanto ainda estava com vocês: Era necessário que se cumprisse tudo o que a meu respeito está escrito na Lei de Moisés, nos Profetas e nos Salmos (Lc 24.44).

Não admira que o NT tantas vezes volte o olhar para trás e cite o AT. Agostinho estava absolutamente correto em seu dito famoso: "O Novo Testamento está oculto no Antigo, e o Antigo é revelado no Novo".

Quando retrocedemos ao AT, temos de admitir que o modo pelo qual Jesus cumpre o AT nem sempre é evidente. Há, naturalmente, o suficiente para que isso fique claro, de modo que pessoas como João Batista tivessem expectativas messiânicas. Entretanto, como já observamos no caso de João, ele ficou surpreso com o modo em que esse cumprimento se deu.

Uma analogia que acho útil é a das histórias policiais. Toda história policial está repleta de pistas que apontam para aquele que cometeu o crime. Entretanto, quando uma obra desse gênero é bem escrita, os leitores não chegam à conclusão sobre quem é o culpado a não ser no final, quando seu nome é revelado pelo perspicaz detetive. Contudo, se alguém voltar ao início do livro e ler novamente a história, a compreensão dos fatos será muito maior. Todos os indícios e pistas fazem mais sentido à luz do conhecimento do desfecho da história. O mesmo pode acontecer com alguém que nunca tenha lido o começo da História da humanidade e isso se aplica ao leitor cristão do AT, que já sabe qual é o surpreendente fim que ela terá.

O elemento-surpresa do cumprimento profético também transmite um sentido de descontinuidade, bem como de continuidade. Em alguns casos, o cumprimento provoca uma mudança radical no procedimento do povo de Deus. O fato de Jesus se oferecer em sacrifício de uma vez por todas, naquela cruz, não quer dizer que o sacrifício não seja mais uma categoria teológica fundamental, e sim que os cristãos não precisam oferecer sacrifícios de animais.

Afirmo que há continuidade e descontinuidade entre o AT e o NT no que se refere à guerra do *ḥerem*. O Deus do AT não é diferente do Deus que encontramos no NT. Deus também não muda sua mente. A guerra contra os cananeus era simplesmente o estágio inicial da batalha que chega ao seu clímax na cruz e tem seu desfecho no juízo final. O alvo muda dos cananeus, que são objeto da ira de Deus por seus pecados, para os poderes e autoridades espirituais e, por fim, para a total destruição do mal, humano e espiritual.

Na verdade, os que têm problemas morais com relação ao genocídio durante a conquista de Canaã deveriam ter muito mais problemas para compreender o juízo final. Neste, todos os que não seguem a Cristo — homens, mulheres e crianças — serão lançados no lago de fogo. As alternativas para acomodar as tensões quanto à reputação de Deus são: rejeitar o Deus da Bíblia, fazer o jogo de Marcião, que escolhia os textos das Escrituras que lhe eram convenientes, ou talvez interpretar o juízo final como uma metáfora da aniquilação total. Todavia, nem mesmo essa última idéia é agradável, pairando sobre ela uma dúvida: se um Deus de amor seria capaz de impor qualquer tipo de penalidade ao ímpio.

Há muitos anos, Meredith Kline, brilhante teólogo especializado em AT, cujos escritos infelizmente não tiveram a devida consideração, introduziu o conceito de ética da intromissão na discussão da guerra do *ḥerem*.[19] Kline relembra que a punição pelo pecado é a morte. A lição de que a rebelião — e todo pecado é rebelião — leva à morte fica muito clara no jardim do Éden (Gn 2.17). Apenas por causa da extraordinária graça de Deus é que Adão e Eva não foram mortos no exato momento em que comeram do fruto daquela árvore. Na verdade, é por causa dessa graça que todos nós continuamos a respirar. O período da graça extraordinária de Deus, freqüentemente chamada de graça comum, é uma circunstância especial. Diante disso, não devemos ficar espantados pelo fato de Deus ter ordenado a morte dos cananeus; ao contrário, devemos admirar-nos com o fato de *ele permitir que alguém viva*. A conquista, segundo Kline, envolve a intromissão da ética do fim dos tempos — a consumação — dentro do período da graça comum. Em certo sentido, a destruição dos cananeus é uma prévia do juízo final.

[19]V. análise em seu livro *The Structure of Biblical Authority* (Grand Rapids: Eerdmans, 1972).

Certamente, ficamos sem respostas para algumas inquietantes perguntas. Por que os cananeus? Por que não outro povo? Será que os cananeus eram de fato extraordinariamente maus? Embora o argumento de que esse povo era mau possa ser estabelecido nos próprios textos cananeus, não acredito que se possa provar que eles eram piores que os assírios ou que os próprios israelitas. Assim como Jó, ficamos sem resposta acerca da razão pela qual o sofrimento atinge um e não outro.

Mesmo assim, a Bíblia deixa claro que ainda estamos envolvidos na guerra do *ḥerem*. Em vez de marchar contra inimigos físicos, porém, estamos diante de uma batalha espiritual. O texto de Efésios 6.10-18 é uma declaração programática nesse sentido:

> Fortaleçam-se no Senhor e no seu forte poder. Vistam toda a armadura de Deus, para poderem ficar firmes contra as ciladas do Diabo, pois a nossa luta não é contra seres humanos, mas contra os poderes e autoridades, contra os dominadores deste mundo de trevas, contra as forças espirituais do mal nas regiões celestiais. Por isso, vistam toda a armadura de Deus, para que possam resistir no dia mau e permanecer inabaláveis, depois de terem feito tudo. Assim, mantenham-se firmes, cingindo-se com o cinto da verdade, vestindo a couraça da justiça e tendo os pés calçados com a prontidão do evangelho da paz. Além disso, usem o escudo da fé, com o qual vocês poderão apagar todas as setas inflamadas do Maligno. Usem o capacete da salvação e a espada do Espírito, que é a palavra de Deus. Orem no Espírito em todas as ocasiões, com toda oração e súplica; tendo isso em mente, estejam atentos e perseverem na oração por todos os santos.
>
> Orem também por mim, para que, quando eu falar, seja-me dada a mensagem a fim de que, destemidamente, torne conhecido o mistério do evangelho, pelo qual sou embaixador preso em correntes. Orem para que, permanecendo nele, eu fale com coragem, como me cumpre fazer.

Vemos aqui que a Igreja recebe a ordem de se unir na luta contra os inimigos espirituais de Deus. Também podemos observar que as armas empregadas nessa batalha são espirituais, não físicas (i.e., verdade, justiça, e assim por diante).[20]

[20]V. o desenvolvimento desse tema em Dan ALLENDER & Tremper LONGMAN III, *Bold Love* (Colorado Springs: NavPress, 1991).

Embora seja uma declaração programática, uma análise atenta do tema revelará muitas passagens que utilizam linguagem militar para descrever a batalha espiritual do cristão no mundo. É interessante o fato de a linguagem da guerra estar associada à luta espiritual que se passa em nosso coração e em nossa mente.[21]

> Embora vivamos como homens, não lutamos segundo os padrões humanos. As armas com as quais lutamos não são humanas; ao contrário, são poderosas em Deus para destruir fortalezas. Destruímos argumentos e toda pretensão que se levanta contra o conhecimento de Deus, e levamos cativo todo pensamento, para torná-lo obediente a Cristo (2Co 10.3-5).

CONCLUSÃO

Chegamos à conclusão, portanto, de que podemos observar descontinuidade entre o AT e o NT com respeito à guerra do *ḥerem*. Enquanto no AT os israelitas eram muitas vezes usados por Deus como instrumentos de seu juízo, hoje em dia é uma traição ao evangelho pegar em armas para defender ou promover os interesses de Cristo.

No entanto, essa descontinuidade não é absoluta. Também há continuidade, principalmente se olharmos para o quadro neotestamentário do juízo final. Além disso, ainda que não seja um dos temas principais, os profetas do AT abrem um pouco a cortina e permitem que o leitor veja a batalha que tem sido travada ao longo de toda a História.[22] Na realidade, todas as guerras do *ḥerem*, espirituais e físicas, derivam do conflito previsto na maldição pronunciada contra a serpente na ocasião da Queda: "Porei inimizade entre você e a mulher, entre a sua descendência e o descendente dela; este lhe ferirá a cabeça, e você lhe ferirá o calcanhar" (Gn 3.15).

[21]É interessante que alguns clérigos muçulmanos também falem de uma transição do *jihad* físico para o *jihad* espiritual, em que a batalha acontece no coração e na mente do indivíduo que crê. Isso parece basear-se no amplo uso do termo *jihad* no Alcorão e também no Hadith.

[22]Daniel 10 aborda a luta espiritual que se passa nos bastidores da batalha entre as nações como um conflito (angelical) entre os príncipes da Pérsia, da Grécia e de Israel. V. Longman, Daniel, p. 244-66.

Réplica do ponto de vista da

DESCONTINUIDADE RADICAL

a Tremper Longman III

C. S. Cowles

Temos uma dívida de gratidão para com Tremper Longman III por transpor a abstração que inevitavelmente se faz notar em nossa análise de acontecimentos ocorridos há 3 mil anos e por apresentar uma face humana que represente o genocídio cananeu. Não é a face de Jesus, e sim a de Osama bin Laden.

Longman começa seu ensaio observando, com razoável justificativa, que os ataques terroristas de Osama estavam em plena sintonia com o "massacre de homens, mulheres e crianças, prisioneiros de guerra cananeus, sobre o qual lemos no livro de Josué". Os paralelos são contundentes e sombrios. Ambos acreditavam que o "território sagrado" estava ocupado pelos "infiéis". Ambos estavam convencidos de que sua "guerra santa" genocida fora ordenada e abençoada por Deus. Ambos pretendiam destruir o inimigo até a última vovó aleijada ou a última criança deficiente mental. Longman não elogia Osama nem o condena, muito menos expressa indignação acerca de seus atos homicidas, pois, por implicação, se o fizesse, seria o mesmo que condenar e repudiar aquela vergonhosa destruição de vidas humanas na terra de Canaã.

Dessa forma, Longman não cria nenhuma ilusão quanto ao significado do *ḥerem* e às pressuposições teológicas que o fundamentam. O *ḥerem* é uma ideologia de morte e destruição meticulosamente engendrada e extremamente ritualista. Concede a autorização divina para que um povo de determinada raça e religião desumanize e demonize o povo de outra raça e religião, razão usada para justificar sua total destruição. Enquadra-se na definição clássica de mal: o mal "destrói e não constrói; rasga e não conserta; fere e não cura; empenha-se sempre e em toda parte para aniquilar".[1] Essa ideologia fere o próprio cerne da fé cristã em áreas que clamam por uma resposta.

O CARÁTER DE DEUS

Martinho Lutero perguntou retoricamente a Erasmo: "Quando você tira Cristo da Bíblia, o que lhe sobra?".[2] Longman isola, identifica e denomina os vários elementos que compõem as ordens e atitudes divinas referentes ao genocídio cananeu e, com isso, mostra-nos "o que [nos] sobra". É o retrato explícito e assustador de um Deus ontologicamente violento.[3] Ele é o Deus que concebeu, ordenou e recomendou o extermínio indiscriminado dos cananeus e aquele cuja "presença" está "no cerne do *ḥerem*". É o Deus para o qual "a guerra do *ḥerem* é uma forma de adoração" e o "campo de batalha é um território sagrado". Ele abomina os "inimigos" e deseja sua total destruição. Está tão decidido a destruir os cananeus, que "lhes endureceu o coração para guerrearem contra Israel, para que ele os destruísse totalmente, exterminando-os sem misericórdia, como o SENHOR tinha ordenado a Moisés" (Js 11.20). Ele certificou-se de que os inimigos não tivessem a menor chance.

Quando se tira o Deus encarnado no Jesus histórico do cenário das Escrituras, o que sobra é um Deus mais interessado em pureza ritual que na vida de seres humanos, um Deus para o qual o *ḥerem* não só é a essência da guerra de Javé, mas também o "aspecto culminante", e "os inimigos derrotados tornam-se [...] um sacrifício [humano], algo 'ofertado a Deus' ".[4] Javé é um Deus que não considera o massacre de

[1]Jeffrey Russel, *Mephistopheles: The Devil in the Modern World* (Ithaca: Cornell University Press, 1986), p. 23.

[2]Apud Willem Jan Kooiman, *Luther and the Bible*, trad. John Schmidt (Philadelphia: Muhlenberg, 1961), p. 208.

[3]Após citar Isaías 13.4-9, Daniel G. Reid e Tremper Longman III escreveram o artigo When God Declares War, no qual declaram: "Isaías não nos deixa fugir ao fato de que nosso Deus é violento. Na verdade, as Escrituras freqüentemente o descrevem como Guerreiro, um Rei belicoso que liquida seus inimigos" [*Christianity Today* (Oct. 28, 1996), p. 14].

[4]Ibidem, p. 17.

crianças "uma matança de inocentes", já que "faziam parte de uma cultura má em sua essência".[5] Ele é tão destrutivo em seu furor cruel que, quando permite que alguém viva, constata-se uma "circunstância especial", uma "graça extraordinária". No que diz respeito à violência genocida, ele é mais demoníaco que Satanás.[6] Se Deus é semelhante a isso — um Deus cuja imagem se reflete em Osama bin Laden —, podemos certamente entender o teólogo Walter Wink, quando afirma: "Em face dessa concepção de Deus, a revolta do ateísmo é um ato de pura devoção religiosa".[7]

O CARÁTER DE CRISTO

Não é que Jesus, na concepção de Longman, tenha sido literalmente "tirado da Bíblia"; contudo, o "Príncipe da Paz" (Is 9.6) foi remodelado como um "Guerreiro divino" na imagem de Javé, o Guerreiro genocida do AT. De fato, não é mais "uma batalha física contra inimigos de carne e sangue, e sim uma luta travada contra poderes e autoridades espirituais". Para que não pensemos que isso indica uma mudança fundamental no caráter ou na estratégia de Deus, Longman apressa-se em sugerir-nos o Apocalipse, no qual a "imagem mais aterradora [...] de um Deus vingativo e violento" pode ser encontrada. Apocalipse mostra, claramente, "a natureza violenta da volta de Jesus, o Guerreiro".

Dessa forma, o centro gravitacional da cristologia de Longman muda dos evangelhos para o Apocalipse. Em sua interpretação da linguagem extremamente simbólica do livro, o Jesus não violento dos evangelhos transforma-se num guerreiro violento. Isso possibilita a Longman eliminar a descontinuidade fundamental entre o Deus de Josué e o Deus de Jesus, bem como vincular o genocídio cananeu ao juízo final.[8] Assim, comparado a Clark Kent, que surge da cabine telefônica transformado no Super-homem, Jesus, ao retornar, despir-se-á dos trajes de servo e mostrará quem ele de fato

[5]Ibidem, p. 14-5.

[6]Em nenhuma parte das Escrituras, o *ḥerem* ou qualquer ato genocida é atribuído a Satanás.

[7]Walter Wink, *Engaging the Powers* (Minneapolis: Fortress, 1992), p. 149.

[8]V. a crítica dessa ligação entre o genocídio cananeu e o *eschaton* em minha réplica ao ensaio de Daniel L. Gard.

é: um exterminador escatológico cruel, impiedoso e violento em termos físicos, que fará o sangue dos inimigos correr até a altura dos joelhos, como nos dias de Josué. Após fracassar na reconciliação entre o mundo e o Pai pelo poder do amor demonstrado no Calvário, ele voltará como um "guerreiro [...] violento", que estraçalha seus inimigos até não se ouvir falar mais deles, à semelhança dos reis, tiranos e fomentadores de guerra deste mundo.

Dizer que essa reconfiguração de Jesus dilacera o âmago do evangelho ainda é pouco. Talvez possamos perguntar: "Será que usar o Apocalipse, com sua linguagem figurada e impenetrável, para marginalizar e esvaziar de seu conteúdo essencial o testemunho apostólico de um Cristo não violento corresponde à prática de uma hermenêutica saudável?". Trocaríamos a Palavra que "tornou-se carne e viveu entre nós" (Jo 1.14) pelas descrições quase sempre violentas e às vezes contraditórias do livro mais enigmático do NT?[9]

Será que somos levados a acreditar que Jesus se enganou ao embasar seu mandamento "amem os seus inimigos" no caráter de Deus, acerca do qual ele asseverou que "faz raiar o seu sol sobre maus e bons e derrama chuva sobre justos e injustos" (Mt 5.44,45)? Duvidaríamos da veracidade de sua afirmação categórica de que Deus "é bondoso para com os ingratos e maus" (Lc 6.35)? Será que ele estava sendo hipócrita ao dizer que devemos ser misericordiosos e ainda: "Guarde a espada!" (Mt 26.52), quando ele na verdade tinha a intenção de fazer o oposto no *eschaton*? Seria o caso de descartar como "simplista" a "concepção neotestamentária de um Deus de amor que envia seu Filho para ser crucificado e morrer a favor dos maus"? Poderíamos classificar o ministério terreno de Jesus, na melhor das hipóteses, como uma fase interina e, na pior das hipóteses, como imperfeito e até mesmo fraudu-

[9]J. Denny Weaver, em sua análise do livro de Apocalipse, conclui: "O cordeiro morto indica um confronto não violento entre o Reino de Deus e o reino do mal, e uma vitória não violenta do Reino de Deus por meio da morte e da ressurreição [...] é por meio da proclamação da Palavra, não por meio de exércitos nem de poderio militar, que o juízo de Deus ocorre [...]. O Deus do dispensacionalismo é violento e vingativo, que vence o mal e a violência com violência ainda maior. O Deus do Apocalipse vence sem violência, por intermédio da Palavra, que é Jesus Cristo" [*The Nonviolent Atonement* (Grand Rapids: Eerdmans, 2001), p. 32-3, n. 29].

lento em seu conteúdo revelatório? Paulo não teria chegado mais próximo de expressar quem Jesus de fato era, se tivesse dito aos coríntios: "Pois decidi nada saber entre vocês, a não ser Jesus Cristo, o Guerreiro divino", em vez de Cristo "crucificado" (1Co 2.2)?

A INTERPRETAÇÃO DAS ESCRITURAS

Há outro modo de formar nossa concepção de Deus: trata-se de abordar as Escrituras por meio da pessoa de Jesus, alicerçados e ancorados nos evangelhos e nas epístolas. Trata-se de ver a Cristo, conforme Lutero observou, "como o ponto central do círculo em torno do qual giram todas as demais coisas na Bíblia".[10] Trata-se de interpretar as Escrituras não partindo do começo e indo até o fim, mas partindo do Cristo para o começo e para o fim. É entrar nas Escrituras pela porta daquele que disse: "Eu sou o caminho, a verdade e a vida. Ninguém vem ao Pai, a não ser por mim" (Jo 14.6). Fazer isso, é expor-se ao fulgor e glória daquele que é "por nós" e não "contra nós" (Rm 8.31); um Deus que é: "SENHOR, SENHOR, Deus compassivo e misericordioso, paciente, cheio de amor e de fidelidade, que mantém o seu amor a milhares e perdoa a maldade, a rebelião e o pecado. Contudo, não deixa de punir o culpado; castiga os filhos e os netos pelo pecado de seus pais, até a terceira e a quarta gerações" (Êx 34.6,7); um Deus que nos predestinou para sermos "conformes à imagem de seu Filho" (Rm 8.29); um Deus que é ontológica, essencial e fundamentalmente *agapē* ("amor"; v. 1Jo 4.8,16)

Uma flagrante ameaça percorre o NT e o AT, liga o começo ao fim e revela o caráter fundamental de Deus. Não é o *ḥerem*, e sim a cruz. Seu símbolo apocalíptico não é um leão, um lobo ou uma víbora. Ao contrário, é o "Cordeiro que foi morto desde a criação do mundo" (Ap 13.8). Nós testificamos junto com João que "vimos a sua glória, glória como do Unigênito vindo do Pai, cheio de graça e de verdade" (Jo 1.14).

[10]Apud Jack R. ROGERS & Donald K. MCKIM, *The Authority and Interpretation of the Bible* (San Francisco: Harper & Row, 1979), p. 77.

Réplica do ponto de vista da

DESCONTINUIDADE MODERADA

a Tremper Longman III

EUGENE H. MERRILL

Permita-me começar com um elogio ao professor Longman pela defesa envolvente, clara e convincente que faz de seu ponto de vista sobre o tema deste livro um argumento com o qual concordo substancialmente. Admiro, em particular, sua percepção da unidade existente na revelação bíblica, a qual, dentre outras coisas, implica o fato de que o Deus do AT é o Deus do NT, a despeito da singularidade histórica da guerra santa veterotestamentária. Portanto, a réplica a seguir trata principalmente de diferenças nos detalhes, não nas principais concepções paradigmáticas.

O TERRITÓRIO SAGRADO E A GUERRA SANTA

Longman começa chamando a atenção para os dois modos nos quais a ideologia bíblica é análoga à ideologia do extremista islâmico Osama bin Laden, ou seja, o território sagrado e a guerra do *ḥerem*. Por território sagrado, ele entende as áreas ao redor de Meca e Medina, que foram expandidas para incluir toda a Arábia Saudita. Dessa forma, parte do programa de Bin Laden envolve a expulsão de todos os ocidentais daquele país, por causa da profanação daquela região santa. Longman sugere nisso um paralelo com o tabernáculo e o templo do antigo Israel, que eram circundados por território sagrado, cuja violação poderia incorrer na ira do Deus santo, como de fato chegou a acontecer.

A ênfase no conceito de território sagrado é muito valiosa, já que está ausente na maior parte do cenário evangélico não litúrgico. A idéia de que Deus está em seu santo templo e que toda a terra deveria se calar diante dele precisa ser restaurada. Entretanto, a analogia entre a insistência de Bin Laden em que a Arábia Saudita e outras regiões devam ser libertadas da contaminação dos infiéis, de um lado, e a aplicação do genocídio cananeu por Israel, de outro, parece-me um pouco forçada, visto que Canaã nunca é explicitamente descrita como território sagrado. A razão declarada da implementação da guerra santa em Canaã era remover as nações cananéias, a fim de liberar o espaço para a ocupação de Israel. E a razão da destruição da parafernália e práticas religiosas pagãs era a de eliminar seus fatores de estímulo à idolatria em Israel (Dt 7.1-5).

Além disso, o *jihad* de Bin Laden tem por alvo os Estados Unidos, "o Grande Satã", e existe pouca ou nenhuma preocupação territorial. É uma fúria cega contra o aparente imperialismo cultural, uma cruzada terrorista que os conscienciosos porta-vozes muçulmanos repudiam exatamente porque (dizem eles) viola as crenças fundamentais de sua fé.

A DEFINIÇÃO DE GUERRA SANTA

O termo *ḥerem*, conforme salienta Longman, "é sabidamente difícil de se traduzir", e talvez se possa acrescentar que a expressão correlata, "guerra santa", é notoriamente difícil de definir. Em seu sentido mais amplo, toda guerra é guerra santa (ou, para ser mais exato, guerra de Javé), visto que Deus, como o soberano da História, se envolve com tudo que acontece. Em sentido mais restrito, guerra santa é qualquer tipo de conflito no qual Javé seja explicitamente identificado com o protagonista a favor ou contra seu povo, Israel. De acordo, porém, com o tema deste livro — a saber, a implementação da política de genocídio, concebida e levada a efeito por Javé, que incluía o *ḥerem* como condição essencial —, os exemplos dados pelo professor Longman parecem ser amplos demais. Ou seja, ele faz uso da expressão "guerra santa" para descrever um curso de ação no qual o *ḥerem* nunca ocorre, nem mesmo por implicação.

Não é possível tecer comentários sobre todos os exemplos; todavia, o que cito a seguir serve ao meu propósito. Em

1Samuel 23.1-6, Davi obtém uma grande vitória contra os filisteus em Queila e, ainda que algumas características normalmente associadas com a guerra santa estejam presentes na narrativa (p. ex., a consulta a Javé e a promessa de ajuda divina), a batalha não resulta no *ḥerem*. O mesmo acontece no fiasco gibeonita (Js 9), no qual o único indício de guerra santa é o descuido de Israel em não consultar o Senhor (v. 14). Em 2Samuel 11, não temos um exemplo melhor. Para ser franco, há elementos de guerra santa (a presença da arca e a necessidade de purificação cerimonial). No entanto, sem o *ḥerem*, esses elementos são insuficientes para qualificar a campanha amonita como genocida.

O uso constante da expressão guerra do *ḥerem* pelo professor Longman, mesmo em narrativas nas quais o próprio termo *ḥerem* não é mencionado, é particularmente embaraçoso. A justificativa para tanto está em seu reconhecimento: "Usamos o termo *ḥerem* para descrever a implementação da guerra em Israel, basicamente um sinônimo de 'guerra santa' ou 'guerra de Javé' ". Contudo, logo a seguir ele faz a mesma distinção que, no nosso entender, precisa ser feita, a saber, que "esse termo se refere ao aspecto culminante da guerra divina: a oferta do povo conquistado e de seus bens em sacrifício ao Senhor". É exatamente esse "aspecto culminante" que está faltando na maioria dos exemplos mencionados por Longman.

Os exemplos extraídos do NT são um pouco melhores. Trata-se de uma interpretação forçada considerar, por exemplo, os exorcismos de Jesus como guerra do *ḥerem* ou até mesmo como guerra santa. Isso também ocorre com o tributo prestado por Paulo ao combate vitorioso do Senhor contra os poderes do mal na cruz (Cl 2.13-15). De igual modo, o leitor é pressionado a ver a guerra do *ḥerem* na triunfante ascensão de Cristo, conforme descrita por Paulo em sua alusão ao salmo 68, em Efésios 4.8.

Contudo, quando se volta para os textos apocalípticos do NT, Longman apresenta um argumento irresistivelmente convincente da guerra do *ḥerem* no fim dos séculos. Ele cita especificamente Apocalipse 19.11-21, e, embora diga que a cena que se passa ali seja "uma descrição extremamente simbólica do juízo final", não deixa dúvida quanto à sua historicidade. Ele faz a correta ligação da volta de Jesus como o Guerreiro divino com as passagens sobre guerra santa do AT, bem como com seu violento embate contra o "guerreiro iníquo identificado com a besta em Apocalipse 13.1-10", que resulta no triunfo de Cristo. Desse modo, o NT traz evidências da continuidade da guerra santa do AT.

CONCLUSÃO

No todo, o professor Longman fez a discussão da guerra santa no AT avançar de maneira útil e convincente. A réplica aqui apresentada tem mais relação com pontos de definição específicos que com seu argumento geral a favor da continuidade espiritual do conceito de guerra santa do AT para o NT. Estou de pleno acordo com as partes de sua apresentação que tratam das questões essenciais.

Dois aspectos que ele enfatiza são dignos de ser lembrados nesta conclusão: 1) a insistência em que o Deus do AT é o Deus do NT, mesmo em seu papel de Guerreiro divino; 2) a ligação entre a aplicação do *ḥerem* aos cananeus históricos e às nações escatológicas que provaram ser irremediavelmente impenitentes e que, portanto, serão merecidamente condenadas à eterna destruição. Ao citar o conceito da "ética da intromissão",[1] Longman observa que "não devemos ficar espantados pelo fato de Deus ter ordenado a morte dos cananeus. Ao contrário, devemos admirar-nos com o fato de *ele permitir que alguém viva*. A conquista, segundo Kline, envolve a intromissão da ética do fim dos tempos — a consumação — dentro do período da graça comum. Em certo sentido, a destruição dos cananeus é uma prévia do juízo final" (grifo do autor original). Concordamos sinceramente com relação a essa hermenêutica da guerra santa.

[1]Meredith G. Kline, *The Structure of Biblical Authority* (Grand Rapids: Eerdmans, 1972).

Réplica do ponto de vista da

CONTINUIDADE ESCATOLÓGICA

a Tremper Longman III

Daniel L. Gard

A análise do tema feita por Tremper Longman talvez seja a mais parecida com a minha. Ainda que neste livro sua concepção do modo de continuidade tenha sido rotulada de "espiritual", sua manifestação mais impressionante é "escatológica". Assim, minha interpretação da contribuição de Longman é de expressiva concordância. Entretanto, existem aspectos menores que eu mencionaria como pontos que precisam de mais reflexão e consideração por parte das comunidades cristãs.

1) Tenho sérias dúvidas se os terroristas da atualidade, tais como Bin Laden, realmente estenderam os conceitos do AT (ou mesmo do Alcorão) do território sagrado à península Arábica. Certamente, o Islã crê que Meca e Medina são territórios sagrados e, ao mesmo tempo, acredita que o AT seja um tipo de Escritura. Contudo, não há nenhuma evidência nos atos e palavras de Bin Laden de que a guerra do AT e seu *jihad* tenham ligação direta com essa questão. A religião tornou-se uma justificativa para Bin Laden e outros terroristas, mas no fundo seus motivos são mais políticos que religiosos.

Isso é muito significativo para nossa concepção teológica a respeito das atividades de Bin Laden e de outros genocidas. Eu concordaria que o islamismo de Bin Laden, à semelhança de alguns ramos do cristianismo, erra ao vincular o Reino de Deus aos poderes terrenos. A pessoa ou grupo organizado que mata seres humanos em nome de Deus está tomando para si uma tarefa que no NT é exclusiva do Estado, não do povo de Deus. Em meu artigo, afirmo que o antigo Israel era singularmente "Igreja" e "Estado", um *status* que não pode ser reivindicado por *nenhuma outra entidade política*. Esse não é um exemplo raro de erro de identificação, como a própria história do cristianismo já comprovou (como nas Cruzadas e na Inquisição, para mencionar apenas dois exemplos).

Apresento essa questão não para criticar a excelente contribuição de Longman, mas, ao contrário, para completar sua análise por meio da proposição de que a relação entre Igreja e Estado é radicalmente diferente no caso do antigo Israel, se o compararmos com qualquer outra nação. O que foi dito do Islã de Bin Laden pode ser dito do extremo fanático do cristianismo, ao qual Longman, obviamente, se refere.

2) Tremper Longman ressalta um aspecto importante no que diz respeito à difícil realidade enfrentada freqüentemente pelos leitores cristãos do AT. Numa referência aos casos de Jericó e Ai, ele declara:

> Devemos dar destaque ao fato de que a Bíblia não entende a destruição dos homens, mulheres e crianças dessas cidades como uma matança de inocentes. Nem mesmo as crianças são consideradas inocentes. Eles todos faziam parte de uma cultura má em sua essência, que, se tivesse permissão de viver, contaminaria o povo de Israel moral e teologicamente.

Essa observação teológica é exatamente a antropologia cristã clássica expressa na doutrina do pecado original. O aspecto surpreendente não é o fato de Jericó e Ai terem sido destruídas, e sim o fato de toda a humanidade como também o antigo Israel e todos os outros filhos de Adão não terem sido destruídos. Para os que crêem ser o batismo o sacramento da regeneração, fica evidente a necessidade de nele incluir as crianças. No final, todos os que se acham afastados de Cristo terão o mesmo destino dos adultos e das crianças de Jericó e Ai. Só a aliança monergista de Deus pode mudar esse destino. Seja cananeu, seja israelita, seja cristão gentio, todos são pecadores e permanecem sob sentença de morte.

3) Sem dúvida, o próprio Longman enfaticamente afirma a idéia de que é só por meio da graça que a pessoa vive. Trabalhando com a "ética da intromissão" postulada por Meredith Kline, ele começa a explicar a questão do genocídio cananeu do ponto de vista da graça. Diante das restrições de espaço nesta obra, é

compreensível que Longman não possa tratar plenamente da questão por ele orientada, ou seja, "se um Deus de amor seria capaz de impor qualquer tipo de penalidade ao ímpio".

Talvez um ponto de partida para uma discussão mais extensa seja a própria natureza de Deus. Dentre seus atributos, destaca-se o fato de que ele é amoroso e justo. O pensamento teológico popular tipicamente tende a optar de modo exclusivo por um desses atributos, descartando o outro. Se Deus é amor, de que modo ele pode exercer justiça, principalmente se esse decreto parece contradizer o que entendemos por "amor"? Aqui, queremos dizer que o aparente conflito está mais ligado às limitações humanas que à existência real do conflito. Seu amor e sua justiça são reais e puros.

Portanto, a "ética da intromissão" proposta por Kline e seu conceito da destruição dos cananeus no AT como prefiguração do juízo final são extremamente úteis para lidarmos com aquilo que, para muitos, é um dilema. A justiça de Deus será manifesta perante o Universo no último dia, tal como se manifestou contra os cananeus. E aqueles com os quais Deus estabeleceu a aliança da graça irão viver. Será Deus injusto por preservar os israelitas e destruir os cananeus, principalmente pelo fato de que todos pecaram e igualmente merecem a condenação? Se for esse o caso, a questão não é a justiça divina, e sim a falibilidade e a falta de capacidade humanas para compreender os caminhos de Deus.

Para expressar o dilema ético de outra maneira, peço emprestada a seguinte indagação da histórica teologia luterana (não tenho certeza se outros sistemas teológicos lidam com a questão): "Por que uma pessoa é salva e outra não?". Será que isso se dá pelo fato de existir no próprio Deus amor por uma pessoa e ódio por outra, e assim ele salva a que ele ama e destrói a que odeia? Essa posição contradiz a clara posição bíblica de que Deus deseja que todos sejam salvos. Ou será que é porque existe diferença entre uma pessoa e outra? Uma busca a Deus, e outra não. Aqui também existe um conflito com o ensino da Bíblia. Afinal, não dizem as Escrituras que todos pecaram? Será que existe alguém que proceda de modo justo?

A pergunta referente à razão pela qual Deus salva uma pessoa e não outra simplesmente não pode ser respondida, por isso é chamada de "a cruz do teólogo". Longman sabiamente evita responder a essa pergunta, que surge como um desdobramento da intrigante pergunta: "Por que os cananeus? [...] Assim como Jó, ficamos sem resposta acerca da razão pela qual o sofrimento atinge um e não outro". Trata-se de um paradoxo da teologia bíblica especialmente acentuado, pois as próprias Escrituras não oferecem uma resposta à questão. Em minha opinião, o pensador cristão deve simplesmente se calar, assim como Deus se cala. Ao fazer isso, podemos afirmar que sua justiça e seu amor compassivo são verdadeiros.

4) Agradou-me especialmente o tratamento simples e claro que Longman dá aos textos do AT. Contudo, há alguns pontos que merecem uma análise mais demorada. Por exemplo, estaria a recusa de Urias em dormir com sua mulher fundamentada nas Escrituras hebraicas (Lv 15.11-18), e não no que Longman se refere como "típica bravata do guerreiro"? A razão da recusa, declarada pelo próprio Urias, não estava ligada ao código ritualístico ou cerimonial. Ao contrário, ele comparou sua situação com as condições em que se encontravam seus companheiros de tropa e a própria arca, que se encontrava numa tenda (2Sm 11.11). Boa parte do Oriente Médio antigo mantinha códigos de guerra semelhantes, e a formação militar hitita de Urias era um bom motivo para essa recusa. Se foi esse o caso, o contraste entre Urias, o hitita, e Davi, o israelita, fica ainda mais acentuado. Urias agiu com base em uma ética superior à de Davi, a despeito do fato de que Davi tinha a própria Palavra revelada de Javé.

O artigo de Longman tende a enfatizar a natureza cooperativa da guerra de Israel, em vez de enfatizar os incidentes nos quais Javé luta sem a ajuda humana. A maioria dos textos, de fato, refere-se a guerras sinérgicas, ou seja, em que há esforço cooperativo do Senhor junto a Israel. Todavia, há importantes textos que atribuem apenas ao Senhor a vitória na guerra (v. esp., Êx 15.1-21; 2Cr 20 e 32), ou seja, são guerras monérgicas (o Senhor luta sozinho, sem nenhuma ajuda humana). Ainda em outros casos, Javé luta ao lado de seus anjos, cena tirada da literatura apocalíptica e encontrada nas descrições neotestamentárias da vitória escatológica final.

5) Pode-se chamar a atenção para um último aspecto. Em sua análise intitulada "Estágio 5: a batalha final", Longman afirma que "quando Jesus voltar, completará sua vitória, que já foi assegurada por sua morte na cruz". Gostaria de relembrar aqui que não acreditamos na idéia de que a volta de Jesus é o

complemento de sua vitória no Calvário, pois o domingo da ressurreição, por ocasião da Páscoa, completou essa vitória. Foi naquela Páscoa que o pecado, a morte e o inferno foram derrotados. Em outras palavras, a vitória já está consumada. O último dia, com seu juízo sobre os vivos e os mortos e com a imposição do *ḥerem* final, é a manifestação da vitória conquistada no Calvário e selada na Páscoa.

Minhas impressões sobre o ensaio de Tremper Longman são muito positivas. Há pontos dos quais discordo, embora eles digam mais respeito à ênfase que à direção. Agradeço a Longman sua obra perspicaz.

ÍNDICE GERAL

Esta obra foi composta em Lucida e impressa
por Imprensa da Fé sobre papel *Chamois Fine* 67 g/m² para
Editora Vida em abril de 2006.